U0111587

大展好書　好書大展
品嘗好書　冠群可期

大展好書　好書大展
品嘗好書　冠群可期

功夫架
太極拳實用訓練

朱利堯　著

大展出版社有限公司

序 一

　　我畢生所鍾愛的事業，是公安系統的教育訓練工作。我在中國人民公安大學任警務實戰教官，主要教授警務實戰的技戰術課程。我曾多次擔任全國公安系統擒拿格鬥教官培訓的總教官，也曾多次作為中國援外專家擔任南美洲多國特警訓練基地教官，以及中國維和警察防衛教官。正因為如此，我對傳統武術有著濃厚的興趣，一直視之為中華民族的文化瑰寶。

　　我友朱利堯先生，痴迷傳統武術，是我非常信服的傳統太極拳家。我們有幸相識，在武學方面做了全面深入的交流。多年來，朱利堯先生致力於傳統太極拳的研究，他在繼承傳統太極拳的基礎上，融入了更多現代科學的訓練方法和研究成果，並身體力行地進行傳播教學，邊實踐邊修正。正是他這種敢於對傳統武術去蕪存菁的精神，尤令我尊重。作為教育戰線的同道，對於他在太極拳傳播上的辛勤耕耘和顯著成果，我非常讚賞。

　　傳統武術，作為文化成果流傳至今，自然有其

自身的價值。但是，如果沒有被正確傳承和訓練，也可能無法滿足我們對傳統武術最起碼的期待。它的發展要與時俱進，要有科學的理念。朱利堯先生正是這樣做的，他結合現代科學的理念，勇於在顛覆中傳承，對武術的繼承和發展起到了積極的作用。

前不久，他把剛剛完成的《功夫架》書稿發給我，想聽取我的意見，並請我作序。認真看過整個書稿之後，我很感動。我看到了朱利堯先生在書中傾注的心血和熱情，也看到了他對傳統武術傳承的信心和勇於擔當的責任。該書訓練方法清楚，拳理論述透徹，實用技擊性強，同時又兼顧了養生，對於喜歡技擊與養生的人來說，實為一本難得的好書。

我相信這部書會很好地幫助太極拳愛好者提高技藝，繼承傳統，並將中國這一優秀的文化遺產發揚光大。

獻上對傳統武術最美好的祝願。

也祝願朱利堯先生為弘揚國術而桃李滿天下。

中國人民公安大學教授　尹偉
中國公安擒拿格鬥總教官

序 二

朱利堯先生是習練「陳式太極拳」的名家，其著作《高手》《練拳》對很多太極拳練習者幫助很大。我因為對太極拳的濃厚興趣，有幸與先生相識。雖蒙先生不棄並給予指點，可惜因本人「葉公好龍」式的態度，至今在武藝上未能登堂入室，深感慚愧！

朱利堯先生是一位「真實、執著、坦誠」的武者。他的真實體現在將自己對太極拳的理解和盤托出，分享自己身體力行的練習方法，絕不挾技居奇；他的執著體現在對「太極拳」理法孜孜不倦的探索，從傳統練習方法的整理，到現代生物力學、運動醫學的求證；他的坦誠體現在始終堅持在「肢體運動」的範疇傳授太極拳，而少用「陰陽、太極、氣」等玄理來解釋太極拳。

我作為一名運動醫學從業者，非常認同朱利堯先生有關太極拳的理論。比如他提出的「肢體的運動平衡」「肢體骨架的規範運動」「主動、被動、不動」等太極拳理論，實際上與高爾夫、棒球、網

球等運動項目的相關研究異曲同工。

　　路漫漫其修遠兮，吾將上下而求索。這也是朱利堯先生在弘揚太極拳道路上的內心獨白。深深感動於先生的努力與堅持，不揣譾陋為之序。望各位太極拳愛好者開卷有益。

復旦大學附屬華山醫院教授、博士生導師　　陳疾忤
運動醫學科主任醫師

前 言

首先，感謝多年來諸位尊師、前輩、愛友、同道、家人們的提攜、愛護和支持。成長之路，雖不免坎坷和艱辛，但最終銘刻在我心中的唯有溫暖和愛。作為回報，我只有用自己的真誠和努力，把同樣的溫暖盡力地傳遞出去。

本書就是這樣的努力之果。

以下簡略的幾點，我覺得重要，所以特此說明。

本書可做訓練手冊或教材之用，對教授的對象有明確的定位，所以內容的取捨和詳略，都是有所設計的。

此書內容不代表我對太極拳全部的認知，也並非最終的技藝水準，請各位賢者鑒察。

本書是筆者身體力行之道真誠的總結，除此之外什麼也沒有。既沒有基於吝嗇的隱藏，也沒有對未知之術虛偽的冒充，更沒有故作高深的裝扮。

本書的呈現方式是苦口婆心地反覆說明，唯恐讀者不能領會，囉唆之處請諒解。

　　本書所呈現的技藝內容，基於傳統，受之於師友。雖不一一列出，但不敢忘恩。

　　我生性不羈，非有意脫離規矩，實在是不能違反天性和本心。所以，若您在書中看到個性痕跡明顯的地方，絕不是筆者標新立異，實在是真心流露，不得不如此而已。

朱利堯

目　錄

矛盾——太極拳肢體訓練的關鍵

肩上的功夫臂上練

腳上的功夫胯上練

手上的功夫腳上練

矛盾——太極拳
肢體訓練的關鍵

太極拳之所以名為「太極」，其實就是告訴你：練這種拳，肢體運動方式是矛盾的。為什麼鍛鍊需要矛盾？因為肢體結構需要運動平衡。

合理訓練太極拳

隨著物質生活水準的提高和生活節奏的加快，人們對身體亞健康問題越來越重視。

為解決久坐、久站等不良工作習慣帶來的健康問題，越來越多的人青睞科學、合理的身體鍛鍊方式，選擇習練太極拳，以達到保健養生的目的。因為太極拳是將人體運動力學和肢體結構相結合的訓練，在肢體運動範疇，它是講究方式方法和科學體系的。

其實，在一些發達國家，人們早已著手研究將人體運動力學和肢體結構相結合的訓練方法，尋找科學、合理的鍛鍊方式。有很多太極拳習練者錯誤地認為，只要運動就是在鍛鍊，還有人把太極文化、太極哲學凌駕於太極拳訓練方法之上。這樣就會使習練者遇到兩個問題：

一是練的人往往摸不著頭腦，不知道應該如何掌握它，導致「明明白白」的糊塗人比較多；

二是談到太極拳的理論基礎，往往都是很玄妙的陰陽八卦，甚至上升到包容自然、天人合一的層面，且不管這些理論有沒有說服力，畢竟思維與實質訓練是兩回事，它並沒有講清太極拳科學的鍛鍊本質。

當然，我並不否認用陰陽八卦的方法、用古代中國哲學理論來解釋太極拳、去修身養性，但如果能用現代的科

學理念和體系去揭示它、解釋它,去指導太極拳肢體的訓練,我覺得是非常有意義的。

太極拳肯定是符合科學的,因為它畢竟是中國幾百年來形成而傳承下來的一個拳種,但它的科學道理並沒有被成體系、成系統地展現給大家。

在真正的太極拳習練過程中,肢體各部位的運動方式都是一種矛盾的體現,鍛鍊過程與我們本能的習慣行為是有區別的,**本能行為越多,鍛鍊的正確率就越低,這是練拳的一個基本理念。**

比如練拳時,小臂順纏則大臂要逆纏,小腿逆纏時大腿就要順纏,如果仍按本能的運動方式,那又何必再去刻意磨鍊、消耗自己呢?

太極拳之所以名為「太極」,其實就是告訴你:練這種拳,肢體運動方式是矛盾的,因為肢體結構需要運動平衡。外形上,它要求慢打拳架以配合內在的骨架運動,用肢體語言把「對立中統一」的矛盾哲理展示出來,這種符合邏輯的太極拳才是中華民族智慧的結晶。

中國傳統武術訓練的最大特點就是「節節分家、節節貫穿」八個字。所以在太極拳訓練中,我們首先要明確肢體結構,然後做到「節節分家、節節貫穿」。

針對肢體結構合理訓練和「武」與「術」的互動要求,我提出了「**靈活關節更靈活,固定關節更固定**」的理論,「固定關節更固定」目的是訓練「武」的基礎,「靈活關節更靈活」目的是促進「術」的轉換變化。

我們習練太極拳,最終要回到「武術」這個本質上。

每個招式是幹什麼用的，勁力走向、技法實施又是怎樣完成的，要明白並做到這點就需要「術」去指導訓練。當你用「術」去指導、修正、驗證你的訓練方法，就進入了「功力」訓練，才是有目的性的訓練，這才叫「拳」。有「武」忘了「術」，或有「術」忘了「武」，是目前練拳人的通病。

人類進化到現在，肢體的結構已經幾近完美。每一個關節、每一塊肌肉都是「各就各位」的。所以，練拳、鍛鍊、健身都需要按照人體的「運動規律」和「肢體結構」來進行。無論如何，鍛鍊身體還要回歸到肢體的運動上來。

鍛鍊身體是辛苦的，不是享受，透過鍛鍊增強新陳代謝，排出身體淤積的毒素，反覆補充能量與消耗能量就是一種養生方式，這也是鍛鍊的樂趣所在。「亞健康」問題更需要我們進行合理的、實實在在的肢體運動鍛鍊。

本能的行為習慣、鍛鍊的思維意識、肢體的訓練規矩均是不同的。人的肢體行為，從爬行進化到直立行走，都是「本能的行為習慣」。練拳或鍛鍊時就要明白肢體運動的規則，這個過程我稱為「鍛鍊的思維意識」，在其指導下，人的肢體動作突破本能的隨意性，重新按肢體運動結構去訓練，這個過程我稱為「肢體的訓練規矩」。

太極拳的訓練是一個矛盾的肢體運動行為。比如說走路，我們都知道膝關節是折疊關節，起固定作用；髖關節是靈活關節，可以左右旋轉。但是在我們的本能行為中，膝關節、髖關節都用於站起來、蹲下去，都是起著一個折疊關節的作用。髖關節並沒有去旋轉，只是靠脊椎來旋

轉，這是我們的本能。練拳時如果也用這種方式就不對了，練拳就要用胯來旋轉（什麼是胯，後文會講述），不能用脊椎去做旋轉。

再比如說肩關節，我們一直說沉肩墜肘，因為肩關節的運動是最多的，容易超負荷，所以在練拳時肩關節雖然是靈活關節，但要儘量固定住，這樣既能傳力又能使肩關節得到保護。

「靈活關節要更加靈活，固定關節要更加固定」就是基本的**「肢體訓練規矩」**，這個原則必須重視，它是科學的訓練規則。

我們的腕、髖、肩、踝關節都是靈活關節，可以向四周轉動，要使這些關節更加靈活，就需要我們不停地訓練它們，鍛鍊其柔韌性和關節力矩。我們的肘、膝是固定關節，僅起折疊作用，因此就要更加固定它們。肩關節雖然也是球形關節，但它活動得最多，從物理性能來講，是容易過度磨損的，肩周炎就是過度磨損的結果。所以，我們在習練拳架時要讓肩關節休息，把這個靈活關節暫時當作固定關節。

在本能的行為習慣中，脊椎也同樣容易過度運動，因而導致腰酸背痛。在太極拳訓練中就必須讓它們休息，只起傳力作用，而非發力作用，左右轉動的動作交給盆骨與髖關節來完成。髖關節也是靈活關節，但平時在走、坐、站立時只做折疊運動，左右旋轉很少，而去扭動腰椎，這在訓練中是不對的。膝關節承載著我們身體的重量，訓練中不要左右晃動，否則會出問題的。踝關節從理論上來

說，又是一個球形關節，除了伸屈之外，也可做幅度較小的旋轉，所以也要加強旋轉鍛鍊。習練拳架時千萬不要該「動」的關節不動，不該「動」的關節亂晃，完全違背運動規矩及肢體結構。

訓練中的「骨緊肉鬆」，其實是指兩個方面，一是指肌肉放鬆，二是指關節韌性。透過訓練，骨胳之間的對拉、螺旋、拔長而產生拮抗力（又叫「二爭力」），全身關節節節拉伸，關節之間副韌帶增長，關節內旋轉餘地擴大，達到最大的關節旋轉角度，使關節變得更靈活，肌肉纖維隨之拉長，變得更富有爆發力，動作更快、更猛。

鬆的訓練，一般建立在**「骨架是車輛，肌肉是乘客」**的思維意識上。骨架與關節的訓練，實質上就是太極拳的「剛與柔」的訓練。肌肉纖維的增長、關節內副韌帶的韌性增強，不僅達到了關節力矩訓練的目的，而且還糾正了關節間因日常體態問題造成的偏位，當然也鍛鍊了血管的彈性。所以，正確合理的科學訓練，才能呈現出太極拳這一國術瑰寶的真正鍛鍊功效。

太極拳訓練體系

國家體育科學研究所測試的數據告訴我們，人體在23周歲時關節力量將達到最高峰，一般持續到25周歲以後就開始慢慢下降，並且不可逆轉。

關節力，在物理上稱之為關節力矩。打個比方，我們在年輕的時候挑200斤的重量很輕鬆，可以挑起來就走，但是上了年紀後，可能連150斤都挑不起來了。我們年輕時能蹦能跳，上了年紀卻步履蹣跚。這一切的根源，就在於關節力量的退化。

再者，我們生活中的常見病如肩周炎、頸椎病、腰椎間盤突出，以及其他關節疾病等，也都是因關節過度勞損所致。因此，對關節的合理訓練，不僅影響到人體的力量與速度，更會直接影響身體的健康狀況。

我在訓練中要求的「固定關節更固定，靈活關節更靈活」，便是針對人體各關節的合理訓練提出的。經過8年不斷的研究與教學實踐，以及不斷的修正，這一太極拳訓練體系終於成形，它由五個關鍵部位搭建起來：肩、胯、臂、腳、手。接下來就講一講在肢體訓練規矩中身體各部位之間的關係。

真傳課堂

黃金三角的運用

肩上的功夫臂上練

按照人類肢體動作的本能習慣，兩隻手臂可以獨立活動，跟軀幹沒多大關係。比如你可以坐在電腦桌前，一手點著鼠標，一手端著茶杯，兩手動作均與身體無關。再如，不論你是站起還是坐下，軀幹的動作也與兩手無關。也就是說，軀幹的力量與兩手臂的力量是分開的。

人體在動作時若想增加手臂力量，唯一的方式便是將

軀幹力量與兩臂力量合二為一，練武所謂的「功力」就是這個概念。請記住：**軀幹與手臂的連接點是肩，要想把軀幹力量與手臂力量合二為一，它們的連接點絕對不允許鬆動，這便是二力合一的核心。**

將軀幹與手臂的力量合為一體，不僅得到了上半身的整力，還送來了一個支點：肘關節。兩種力量一合，就把肘尖變成了支點，但是當肩鬆動的時候，這個支點就沒有了。這也就是我們需要改進的地方，別再「鬆肩」了，傳統武術的功力丟失，鬆肩就是原因之一。改變一個壞習慣就能使你的力量成倍增加，這難道不正是武術習練者們夢寐以求的嗎？

我在教學中將這個訓練稱為「肩臂合一」，而把胸、肩和大臂連接起來形成的三角區域稱為「黃金三角」。

那麼，為什麼說「肩上的功夫臂上練」呢？因為肩的鎖住使得肩與大臂合成了一體，為了強化肩臂合一不斷開的效果，在訓練中就需要用小臂的運動變化去破壞肩臂合一，在這種破壞力量下所產生的大臂與小臂之間的矛盾拮抗力，便進一步穩固了肩臂合一的效果，同時還把整個背部也拉開了。就像我們常說的，好醫生絕對不會「頭痛醫頭，腳痛醫腳」，而是透過整體治療來達到效果。

真傳課堂

胯上的功夫肩上練

當肩臂兩股力量合一，形成「黃金三角」　　　胯的運轉

的時候，你的脊柱就不會再搖晃了，這便改變了人體扭腰旋轉的本能習慣，從而迫使盆骨在髖關節上面旋轉，也就是轉胯。在人類身體結構上其實並沒有胯這個關節，但老祖宗為什麼偏偏傳下來「胯」這個概念呢？「胯」是由盆骨和兩個髖關節組成的，這個組合體被稱為胯。

胯的運動方式就是盆骨在兩個髖關節上面的轉動，不是髖關節在盆骨下的運動，髖關節只在運動過程中起著打開與閉合的作用，以提供盆骨旋轉運動的餘地和力量的上傳。請記住：**盆骨與髖關節組合並進行左右旋轉運動所產生的扭力是十分巨大的，這種力量不僅形成了太極拳法中力量最大的左右勁，而且在訓練過程中還能使脊椎挺直得到休息。因為只有脊椎挺直不扭動，才可以迫使胯旋轉，並由脊椎使下半身的力量傳到手上，達到上下肢的力量整合。** 至此，「功力」訓練的三步曲已經完成了兩步，也就是「黃金三角」的橫向整合與胯的轉換帶來的縱向整合。

胯的運動還是上下中正協調的標杆。在拳架訓練過程中，只有用胯帶動身體左右旋轉，才能得到身體的協調和拳架的修正。要做到這些，必須以「黃金三角」為支撐，去避免脊椎的搖晃，從而迫使「胯」去做旋轉運動。因此在訓練中要「胯上的功夫肩上練」。

真傳課堂

臂上的功夫手上練

手臂功夫運用

眾所周知，手臂可以前後左右靈活運動，在本能上都

是靠肩關節來調節的。但因為肩臂合一將肩關節固定了，所以手臂自身的左右旋轉便只能由小臂的尺骨和橈骨來完成，上下運動由肘、腕兩關節的折疊來完成。這既保障了肘部支點的不丟失，也訓練了小臂的尺橈二骨的旋轉靈活性和肘、腕兩關節的折疊靈活性。長期訓練還能使大小臂「分家」，提升出拳速度、力度和實用格鬥能力。

請記住：**大小臂的「分家」是為了訓練出一個「力的支點」，也是「武術」中力量、速度、變化的核心之一。** 大小臂的「分家」用老祖宗的話來說就是「沉肩墜肘」，可是老祖宗並沒有明確告訴一個度，所以我給它加了一個度，稱為「鎖肩頂肘」。

為了一個「力的支點」，迫使大小臂「因矛盾而打架」，導致「分家」。在「黃金三角」中，手要靈活自由、施展技藝，而肩不能動，只好請尺橈兩骨來幫忙了。肘以固定關節和支點的視角，見證了大小臂兄弟間的「分家」，並做了各司其職的分配：手為主動，小臂為被動，大臂為不動。

真傳課堂

腳上的功夫胯上練

定步與動步

這裏說的「腳」是指從膝蓋以下直到腳底。傳統武術一直強調「立地生根，力從腳起」，要想做到這句話，必須訓練大小腿「分家」。因為膝關節是折疊關節，與肘關節一樣是固定關節，依據「固定關節更固定」的原則，膝

關節只允許上下折疊，不允許左右搖晃。所以，對腳在定步狀態下的要求就是，小腿到腳底雙逆纏，以達到內扣裏合的要求，不允許前後左右擺動小腿。

需要注意的是，因為下肢有了「胯」的加入，變成了「四個兄弟」——胯、大腿、小腿、腳，從而產生了內外兩種運動方式。在定步訓練中，外形上，胯為主動，大腿為被動，膝蓋以下為不動；內勁上，兩腳逆纏為主動，胯與大腿為被動，膝蓋與小腿為不動。在動步訓練中，腳踝為主動，大腿小腿為被動，胯以上到肘為不動。

請記住：主動、被動、不動是相鄰關節「分家」的前提，大、小腿的「分家」是「立地生根」基礎，也是產生「襠」勁的原點。

「黃金三角」迫使「胯的左右旋轉」，「胯的左右旋轉」帶動了大腿的被動轉動。因不允許兩膝左右搖晃，從而形成大、小腿之間的矛盾對抗力，達成大、小腿分家的訓練目的，踏入了拳語「轉換在胯、力從腳起」的門檻要求。

真傳課堂

立地生根運用

真傳課堂

爭力（拮抗力）
的運用

手上的功夫腳上練

為了二力合一與支點不被破壞，「黃金三角」不能變形。由於在訓練中固定了肩關節，使本能行為中由肩關節帶動手臂的動作受阻，從而迫使兩手手指順逆纏，帶動小臂尺骨與橈骨的旋轉以及腕、肘兩關節的折疊。當然，這

些訓練應歸類於「臂上的功夫手上練」的範疇。但在這裏，有一個手上順逆纏的訓練，兩手的順逆纏與兩腳的逆纏相合，胯與腕的折疊旋轉必須步調一致，二意相通。「手上的功夫腳上練」，目的是訓練手掌與腳掌的串聯，以得到整體的協調與力量。

作為武術而言，一切肢體訓練最終都是彙集到手上去的，太極拳的掤、捋、擠、按、採、挒、肘、靠等勁力與技藝，都需要手去實施和配合。為什麼要把手的訓練放在最後呢？因為經過肩、胯、臂、腳的訓練，肢體的訓練規矩已經形成，靈活關節更靈活了，固定關節也固定住了，就可以進入太極拳的核心目標——漲力。

漲力就是拮抗力（二爭力），它建立在固定關節更固定的基礎上，這個拮抗力就是太極拳的剛度，是對太極拳擊打到位時的描述。

練拳練到最後只有兩個地方在用力：手掌與腳掌。踝關節到腕關節都是自然的，只有在瞬間落點時才一沉。總之，練手就是練身弓的開合，打擊時勁力從腳起傳導到手，肘膝兩關節起拮抗作用，尾閭起秤砣作用，踝關節到腕關節起傳力作用，瞬間形成身弓，以擊打動作為主。防守時勁力從腳起以肘代手，手為指引方向，肘膝兩關節起拮抗作用，尾閭起秤砣作用，以跌摔動作為主。

拳法訓練的本質是關節力矩的鍛鍊。太極拳有句名言叫「打即是化，化即是打」，其實就是關節力矩在拳法各式中單體或複合的運行結果。以上就是本書遵循的太極拳訓練體系與邏輯，拳法結構中的細微環節，在後文中將一

一詳述。

人到成年後，身體力量已經基本成形，雖然經過強化訓練能增加三五十公斤的力量，但一旦暫停訓練就會馬上退化。所以，我們鍛鍊身體或習練武術要去尋求「結構」訓練，結構才是改變力量的要素。明白了肢體運動結構的訓練規矩，不僅在強身健體上會得到更合理的指導，還為關節傷痛的康復帶來福音，尤其能在武術上大大增強打擊力與抗擊打能力。練成的肢體運動結構，不會隨時間的變化和年齡的增長而退化，也就是說練成的功力能持久保持。

頸椎、脊椎、腰椎是人們出現傷痛最多最嚴重的部位，導致傷痛的原因基本上是生活中「彎腰低頭」的習慣。在武術鍛鍊中，錯誤的「含胸拔背」「命門外突」和提倡扭腰發力等訓練方式也嚴重損傷了它們。

因此，鍛鍊身體與練武是一回事，鍛鍊身體需要框架結構才能有的放矢，武術的基礎也需要框架結構，太極拳只是用特定的招式，為肢體訓練做載體而已。採用合理的太極拳訓練體系，最終你會發現，強身健體的目的達到了，武術技藝是附贈給你的。

訓練前的幾句話

選擇習練太極拳，一部分人是為了追求功夫，一部分

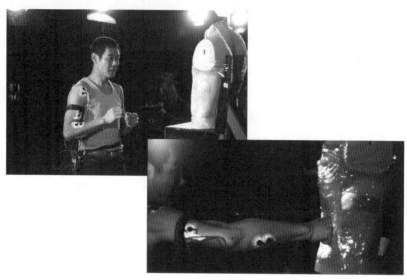

《最高境界的格鬥術》拍攝現場

人是為了尋求修身養性，但共同的目的首先是鍛鍊身體。在眾多的選擇中，太極拳應該是一種高級的鍛鍊方式，它是融勁力、速度、協調、氣息、技巧、結構、意念、文化、智慧於一體的綜合運動方式。不僅能提高身體素質、精神氣質和自衛能力，還能開拓智慧和修行品德，是中華民族的國術瑰寶。

2010年，我在中央電視臺拍攝太極拳解密節目《最高境界的格鬥術》時，為了節目的嚴謹性，與國家體育總局體育科學研究所合作，採用當時最先進的儀器設備，對拳擊、散打、形意拳以及太極拳等不同拳種習練者的肌肉、骨架、關節等多項指標進行測試，用數據來比較不同的拳種訓練對人體的影響，並進一步分析太極拳訓練的特殊影響。測試的數據結果顯示，關節力矩對人體的健康、

力量和速度至關重要。

這一發現讓我對傳統武術的訓練方法真正開了竅，突然明白自己在武術訓練上走了三十幾年的彎路，頓悟了老前輩留下的至高拳理：**節節分家，節節貫穿。**

從此，我每天參考測試數據，研究如何進行更合理的太極拳訓練，有不明白的地方便立即去體育科學研究所，當面諮詢人體力學專家。在此期間，為了弘揚師父張志俊先生的拳法，我以師父的拳理為基礎撰寫並出版了《高手》一書，隨著《高手》的寫作完成，我對太極拳的理解也更進了一步。

2015 年，我的《練拳——顛覆中傳承》一書出版。該書的目的是希望能把傳統太極拳與現代的科學訓練結合起來，將傳統拳理與肢體結構、運動力學相結合，使太極

《高手》　　　　　《練拳》

拳愛好者們能夠明明白白地練拳，能夠更合理、更健康、更快捷地獲得太極拳功夫。

2010 年至今，我始終沒有停止過對傳統與科學相結合的太極拳訓練方法的研究，並且不斷付諸實踐。經過近 9 年的研究、實踐、修正，我的訓練方法漸漸成熟，形成了本書中呈現的體系，彌補了《練拳》一書中沒有訓練載體的遺憾。我相信，科學的訓練是未來鍛鍊與健身的必然趨勢，只要廣大太極拳從業者共同努力，太極拳訓練在科學性和合理性上一定會更上一層樓。

我師承陳式太極拳，故而依據傳統陳式太極拳一路和二路中的技法、勁力特點，糅合為一套 28 式陳式太極拳拳架，並以此作為訓練載體，把太極拳的肢體訓練規矩、合理的鍛鍊方法講述清楚。這個訓練體系有六個基本特點，也是一切訓練的基礎。

一是肢體運動結構的「三節」。在武術訓練中，人體結構分為三個大節：胯以下到腳為一節（*胯訓練好之後，可改變為膝以下為一節*）；肘到胯為一節，這兩節是「武」的基礎；肘到手為一節，這一節是「術」的基礎。

二是「黃金三角」。目的是把肢體與手臂的力量整合起來，阻止脊柱的任意搖晃，是訓練太極拳「剛」勁的基礎。

三是「主動、被動、不動」。目的是訓練關節力矩和「節節分家」的拳法要求，也就是訓練太極拳「柔」勁的根本。

四是肘和胯的同屈同伸。這不僅是上下力量的整合，

也是「卸力」協調的基礎。

五是「意在骨架」。太極拳是筋骨拳，「骨架是車輛，肌肉是乘客」，「骨剛肉鬆關節柔」是太極拳的特色。

六是「靈活關節更靈活，固定關節更固定」。為了做到「骨剛肉鬆關節柔」，就必須在訓練中遵守「靈活關節更靈活，固定關節更固定」的原則，並要求勁達「五梢」。

陳式太極拳28式拳架

第一式 太極起勢	第八式 白鶴亮翅	第十五式 三換掌	第二十二式 玉女穿梭
第二式 金剛搗碓	第九式 斜行拗步	第十六式 肘底錘	第二十三式 初收
第三式 懶扎衣	第十式 披身錘	第十七式 倒捲肱	第二十四式 前蹚拗步
第四式 六封四閉	第十一式 青龍出水	第十八式 退步壓肘	第二十五式 十字擺蓮
第五式 單鞭	第十二式 雲手	第十九式 中盤	第二十六式 當頭炮
第六式 閃通背	第十三式 左右野馬分鬃	第二十式 指襠錘	第二十七式 金剛搗碓
第七式 掩手肱錘	第十四式 雙推手	第二十一式 雙震腳	第二十八式 收勢

連貫演示

肩上的功夫臂上練

　　「黃金三角」是太極拳的肢體訓練規矩
之一。內在勁力上，實現了肩臂二力合一，
為把勁力輸送到手上打下基礎；肢體結構
上，訓練了橫向拉伸，提高上半身框架的剛
度，從而得到太極拳中的「剛」。

「黃金三角」

「肩上的功夫臂上練」的訓練載體是「**黃金三角**」。首先要明白，練拳要從一個最容易理解和把握的地方入手。比如，上半身的胸、肩、肘，你要先理解這三個點，然後再把這三個點連成一個整體，也就是「黃金三角」的區域。訓練「黃金三角」的目的是把軀幹的力量與手臂的力量合二為一。

肩關節是軀幹與手臂二力合一的連接點，需要強調一點，肩本來是靈活關節，但為了傳遞力量的需要，練拳時要把它當成固定關節，固定、鎖死，「黃金三角」才能成立，力量才能輸送出來，達到上半身力量的整合。

在武術實戰對抗中，一旦對方的外力達到己方肩關節，使肩與身體「斷開」，那麼身體肯定變形而輸招，這種現象被稱為「力上肩」，所以在武術訓練中鎖肩是必備的基本功。想要形成一個剛性傳力結構，僅僅鎖肩還不夠，同時還要頂肘，即「鎖肩頂肘」，把上臂和身體緊緊連在一起，讓大臂和肩產生一種拮抗力（**二爭力**），也為後續小臂與大臂產生拮抗力以及胯的訓練打好基礎。

【名詞】

黃金三角：胸、肩、肘三點形成的三角區域。左胸、左肩、左肘為左黃金三角，右胸、右肩、右肘為右黃金三角。通常狀態下左右同步訓練。

基本功：鎖肩頂肘

　　1. 兩手在胸前握拳，拳心向外，拳眼斜相對，鎖肩頂
肘，大臂腋下成45°，拳高於肘。在鎖肩頂肘的狀態下，
兩拳順纏帶動兩小臂尺骨橈骨旋轉，前掤向身前下方走弧
線至小腹前，拳心向上，拳面相對。

　　2. 置於腹前的兩拳，由順纏變逆纏，同時向裏折腕並

帶動小臂尺骨橈骨，使兩拳拳背相對，沉肘提腕至胸前，再滾動兩小臂尺骨橈骨使兩拳至胸前方，兩拳心向內。隨之，鎖肩沉肘向裏折腕，逆纏外翻回歸起勢。

【要點】

整個動作過程中，兩肘儘量不要左右前後晃動，兩肩平行一字，勁不允許上肩，腋下夾角大小不變，始終保持「黃金三角」不斷開。

【作用】

「黃金三角」是太極拳的肢體訓練規矩之一。內在勁力上，實現了肩臂二力合一，為把勁力輸送到手上打下基礎；肢體結構上，訓練了橫向拉伸，提高上半身框架的剛度，從而得到太極拳中的「剛」。

在健身養生方面，「黃金三角」訓練也有不可忽視的作用。肩關節是個球形關節，人在本能行為習慣中兩臂基本是自由活動的，與肢體處於「斷開狀態」。我們平時在生活中，長期習慣於頸椎和脊椎彎曲，使它們一直處於縱向的伸拉之中，久而久之，橫向的骨架就收縮了，引起關節的淤堵，導致頸椎病和腰背痛。「黃金三角」就是一種橫向的伸拉訓練，因肩關節的固定連接了身體與大臂，經過兩小臂的運動，不僅對肩骨和鎖骨進行橫向伸拉，還把背上的肌肉纖維拉開了，暢通了大小腸兩個經絡，使頸椎痛、腰酸背疼等亞健康問題得到了緩解。

【關鍵】

兩拳走弧線至腹前的全過程中，左右兩肘必須定住，不允許前後左右晃動。

招式訓練

第一式　太極起勢

太極起勢

　　在第一章中，講述了太極拳訓練的目的與肢體結構訓練的邏輯。從本章開始，以陳式太極拳28式拳架作為載體，逐式教授訓練方法。第一式是起勢，分為4個動作來完成。

　　1-1　兩腳自然站立，兩肩平行一字，上身挺直，頭往上頂，兩肩自然下沉，兩手垂於兩腿外側。舌頂上齶，兩眼平視前方，精神領起。

　　【要點】

　　要做到頭頸伸直、目光平視，那麼一定是頭往上頂而肩往下沉的，而兩肩也自然成一字，這樣虛領頂勁就完成了。

　　【關鍵】

　　頭頸伸直。體現出威嚴的氣勢與精氣神。

　　1-2　右腳踏實，鬆**胯**，掤膝下沉，同時**掤提**左腳，目視前方。

1-1

1-2　掤提

【要點】

左右兩手中指微微用力，往下壓一下，右胯往下鬆沉的同時，掤提左腳橫跨一步。兩手兩腳內在勁力相通，上下肢體同步伸屈有對拉之意，兩肘與兩胯同屈同伸。

【名詞】

胯：盆骨與一側的髖關節結合在一起稱為胯。比如左胯是指盆骨與左髖結合在一起，而右側只能稱為右髖，不能稱為胯了；右胯是盆骨與右髖結合在一起，左側就不能稱胯，只能稱為左髖。

掤提：支撐腿鬆胯掤膝下沉的同時，虛腳腳趾後扒，使腳面繃直並帶起小腿，腳後跟找膝窩有相合之意，左右兩腳勁力上下對拉呼應。勁點在腳後跟、膝、髖三點上。

1-3 上身挺直，虛領頂勁，右胯掤膝下沉，隨之左腳向左畫弧線橫開一步，腳跟落地，目視前方。

【要點】

落腳時勁力含而不丟，肘胯同屈同伸。

【實戰法】

起勢在太極拳中，體現的是一個精氣神，上下左右勁力貫通，它的技擊含義主要體現在腳法上。逆時針畫圈橫跨一步，是利用勾腳去破壞敵方重心，然後側踹或踩踏敵方另一條腿，使敵方跌翻在地。

【關鍵】

手指與腳趾互動。

起勢技擊法

1-4　重心左移，左腳沿腳外側內扣踏實，同時重心左移身體站直，步幅略寬於肩，兩腳尖平行朝前，目視前方。

【要點】

兩手與兩腳勁力相通，隨身體的站直而把兩手置於兩腿旁。

點撥提高

●起勢時兩手兩腳要微微用力，這樣四肢氣血才是通的。如果手上不用力，左腳橫開一步，腳和上肢就形成了上下不通、僵而斷勁的局面，整個身體只有腳在動。所以太極拳的每一招每一式，都必須從兩手、兩腳微微用力開始，而後勁達四肢，拉開各個關節，為動作的運行創造餘

地。

●運動時身體各部位要互動互停。不要左手到位了，右手還在動，或者手已經到了位，而腳還未落步。先到位的僵死了，未到位的還在動，不僅身體上下不協調，內在勁力也是不通的。所以，要養成上下左右相對應的運動習慣。

●出步寬度不要太大，步子的標準就是支撐腿不動、重心不變的情況下，虛腿可以任意變動。如果步子太大，把腿提起來就勢必要先調整重心，但在實戰中沒有這個時間給你。要在不變動重心的狀態下，可以隨時靈活變換步法。

【名詞】

僵：指動作過程中身法模糊不清，上動下不動，左動忘了右動等。上下肢運動不協調，四肢勁力沒有互動。反之，動作過程中有結構的、有勁力互動的節節分家狀態稱為「鬆柔」。

錯誤糾正

●起勢中習練者容易犯的錯誤是，不沉胯就直接提腳開步落地，導致上下身體不互動，勁力斷開。應注意做到肘胯同屈同伸，手與腳相呼應。

●切忌頭隨手的變化轉來轉去，轉的應該是眼珠，平時在拳架訓練中要把目光的訓練也加入進去。眼睛始終要看著假想敵的臉，眼睛餘光隨手而動。

真傳課堂

含胸拔背的正誤

●人們往往把兩肩微向前、背微弓當成「含胸拔背」了，這是病態姿勢，丟失了虛靈頂勁的拳法要求，失去了練武人最基本的精氣神。什麼是含胸拔背，兩肩向後叫挺胸，兩肩向前叫窩胸，只有兩肩在一個平面上，背挺直，頭往上頂，肩往下沉，後背拔長，前胸微含，才是真正的含胸拔背。

訓練功課

1. 在頭頸伸直、含胸拔背的狀態下，兩手兩腳微微用力，左腳掤提、右腳掤提各練50次為1組，共練2組。注意兩肘與兩胯要同屈同伸。

2. 起勢左、右跨步各訓練50次。

第二式　金剛搗碓

金剛搗碓

本章以強化「黃金三角」的訓練為要點，每一式分解訓練都要把注意力放在「黃金三角」上，其餘的肢體動作只要記住即可。第二式「金剛搗碓」可分解成8個動作來完成。

2-1　（接上式）虛領頂勁，保持「黃金三角」，鬆沉左髖，盆骨右轉掤右膝帶動身體左轉。同時兩手逆纏，沉肘提起，虎口斜相對，重心六成在右，兩腳逆纏裏合，目視前方。

真傳課堂

胯與輕重虛實

2-1

【要點】

兩手兩腳勁力不丟，**鎖肩頂肘**，兩手逆纏，帶動橈骨尺骨，兩腕掤捲，與兩肘相呼應，虎口斜相對。上身挺直，內在骨架往上領，肌肉往下垂，形成骨緊肉鬆，脊柱不允許妄動。上身隨胯的轉動而旋轉，兩膝因胯的轉換產生不平行狀態，一裏一外，一高一低，使下盤形成立體三角，支撐穩固。

【實戰法】

如敵方左拳打來，我用左手在外側接手下捋，同時左右手提腕前後夾擊敵方；也可用於被敵抓住雙臂時，沉肘提腕逆纏下壓敵雙臂的同時，兩手一個**捌勁**打擊敵面部；也可用於擒拿。屬於開合捋捌之勁。

【關鍵】

保持「黃金三角」，別斷了「翅膀」。

【名詞】

鎖肩頂肘：指在肩關節不鬆動的狀態下，肘部微用力，目的是訓練肩與肘的骨架拮抗力。習練者初期往往達不到標準，可以改用「固肩定肘」的方式，等熟練後再進化成「鎖肩頂肘」。二者的差別在於一個是肌肉用力，一個是筋骨用力。

捌勁：在本書中是指回勁，也可以稱為彈抖勁、冷勁。與将勁並存。如果說「向心」的弧線是将勁，那麼「離心」的弧線就是捌勁。

2-2 鬆沉右髖，盆骨左轉，挪左膝，身體隨之右

2-2

轉，同時兩手由下向上順時針走弧線，變雙逆纏，經胸前向自己的右膝蓋上方弧線按出，雙手拇指、雙手食指相合，掌心朝外，重心六成在左，目視前方。

【要點】

保持兩腋夾角不變，左右手的順逆纏轉換、重心轉換與兩手**弧線**按出同步完成。「胯的轉換」本章暫不詳解，後文會重點講述。

【實戰法】

敵方右拳打來，我用雙手從外側接住敵方手臂下按，左手回拉，右手向前走弧線將對手捧於左側。如敵抓我兩腕，我兩手走一個左上弧線後下按，即可解脫。此手法可用於擒拿、捧法與打擊，技法核心在於「黃金三角」。屬於挒捋之勁。

【關鍵】

保持「黃金三角」，別斷了「翅膀」。

【名詞】

弧線：由下往上走的弧線稱為「上弧線」，由上往下走的弧線稱為「下弧線」。左手逆時針方向走的弧線為「下弧線」，順時針方向為「上弧線」。右手則反之。

2-3 鬆沉左髖，兩手順纏向裏折腕，順時針向右走一個小圈，隨之盆骨右移，掤右膝帶動身體左轉。同時兩手變左逆纏右順纏，走下弧線經腹部向左向上挑捋，左手置於左前方與耳同高，右手在胸前中線，手心斜相對，兩手間距約30公分。重心六成在右，目視前方。

2-3

順纏

逆纏

【要點】

胯的轉換帶動兩手**順逆纏**，走順時針下弧線上挑，兩小腿雙逆纏向裏合，肘與胯同屈同伸，確保上下協調。意識重點放在「黃金三角」上。

【實戰法】

敵方左拳打來，我用左手在外側接住敵方手腕，同時右手在敵方肘部走一個下弧線上挑，使敵方肘關節受傷。屬於**掤挒**之勁。

【名詞】

順逆纏：指以左右手大拇指為啟動點，其餘四指跟隨大拇指旋轉的弧線稱為逆纏；以小指為啟動點，其餘四指跟隨小指旋轉的弧線稱為順纏。腳上勁力往大腳趾方向合的狀態稱為腳上逆纏；腳上勁力往小腳趾方向合的狀態稱為腳上順纏。

掤：在本書中指肢體結構、框架不變形，內部「充足氣」的一種狀態，是拮抗力的基礎，也與拮抗力並存。

2-4　鬆沉右髖，盆骨左轉，掤左膝帶動身體右轉，同時左手順纏、右手逆纏走下弧線經腹前向右上挑挒，右手在右耳側前方，與肩同高，左手在胸前中線，兩手心斜相對。右膝前掤，同時右腳以腳跟為軸，腳尖上翹外擺約70°。

【要點】

在身體向右旋轉的過程中，兩手走下弧線上挒、右腳以跟為軸外擺，均隨胯的轉換同步完成。兩手有相合之

2-4

金剛搗碓技擊法一

意，並與左髖關節、右腳腳後跟形成三點對拉，使全身骨架穩固。

【實戰法】

敵方右拳打來，我用雙手內側接手後，迅速翻掌用捯勁擊打敵方頸部和面部。或者，若敵方對我實施別腿摔，我右腿鬆胯下沉的同時，腳尖外擺反摔敵方於身前。再或者，可從敵臂外側接手，用上挑捋傷敵方肘關節。屬於捋捯之勁。

【關鍵】

「黃金三角」，別斷了「翅膀」。

2-5 鬆沉左胯，重心移於左腳，落地踏實，同時兩手繼續上引，變左手逆纏右手順纏，向後走下弧線順時針

手弓形

2-5

前掤的同時鬆沉右胯，掤提左腳，向左前方鏟出一步。腳後跟落地，腳尖上翹，隨之左手前擠，右手畫弧線至右腿外側成手弓形。手心向前下方，兩眼目視前方。

【要點】

兩肘兩膝勁力不丟，不要腳先到位了再扭腰前擠，左手略高於左肘。

【實戰法】

敵方右拳向我打來，我雙手在外側接手，抓住敵方手臂向右後側将，同時左腳跨出一步勾在敵方腳後，右手與胯的扭力一合，在敵方右胸橫擠，將敵方摔倒於身後。也可雙手在敵臂外側接手，往後下将的同時提膝撞擊敵方大腿或肝區。屬於掤将擠捋之勁。

【名詞】

捋勁：本書中是指肢體結構、框架不變形，在「掤」的基礎上，向左或向右走下弧線運行的勁。也包括上挑捋。

2-6 「黃金三角」不變，鬆右髖、沉左胯帶動身體微左轉，兩手逆纏帶動橈骨尺骨收至胸前成裏折腕勾手，左右兩手肘指相合，拳背相對。隨之，重心右移，身體微左轉，同時兩手順纏帶動尺骨橈骨向外撩掌，左手在前右手在後，目視前方。

【要點】

鎖肩頂肘，肘胯同屈同伸，兩腿內撐外包配合兩手撩擊。全身骨架穩固，勁達四肢。

2-6

真傳課堂

捋挒之勁

金剛搗碓技擊法二

【實戰法】

敵方左右兩人各抓住我的左右手，我沉肘提腕回拉手臂，並用雙逆纏解脫，隨之用左右手分別切擊敵方頸動脈。屬於捋捌之勁。

【關鍵】

「黃金三角」，別斷了「翅膀」。

2-7 保持「黃金三角」不變，左手沉肘，繼續逆纏走外弧線，經左耳變下弧線找右小臂合；右手沉肘逆纏，翻掌後變順纏（S型），走下弧線在胸前右側捌出。同時，右腳向前點出成虛步，大趾合地。右手小臂內側與左手腕內側相合，同時鬆左胯捌左膝，目視前方。

2-7

【要點】

右手領右腿時需頂肘前引。右腿成虛步時，虛腳不虛，形虛勁實，左腿形實勁虛。

【實戰法】

若敵方右拳打來，我用左手下将撥開敵拳，同時右拳擊打敵方胸腹。若敵出左拳擊來，我用左手從敵手臂內側接手下将，同時右手從敵方的手臂內側穿入，由裏往外順纏裏合，使敵方肘關節受傷。屬於将捯之勁。

【關鍵】

「黃金三角」，別斷了「翅膀」。

2-8 「黃金三角」不變。鬆左胯、掤左膝的同時，右手沉肘前掤，捲指、捲腕、捲小臂上舉成拳，同時帶起

2-8-1

2-8-2

右腳掤提。隨之，拳變順纏帶動尺骨橈骨向腹前下落找左手手心相合，同時左手順纏帶動尺骨橈骨落至小腹前與右拳相合，右腳落地踏實。在手合腳踏的同時，下肢沉、上肢拔形成上下對拉，目視前方。

【要點】

右手上提時，要一邊沉肘一邊手指上捲成拳，指肘互動的同時，左胯下沉，右腿掤提。手合、腳踏、上拔一氣呵成，勁力含而不丟。

【實戰法】

敵方一拳打來，我用左手由上往下攔截，同時用右拳擊打敵方下頜。如被敵方躲過，順勢肘擊並用右拳下落連擊。提膝是為了保護自己，千萬不要認為提膝是撞人的。屬於掤捋擠按，勁力全面。

【關鍵】

「黃金三角」，別斷了「翅膀」。

點撥提高

●在訓練「金剛搗碓」之前，先鑒別一下自己的動作，兩腋下的夾角約45°。分開兩手，一隻手心朝自己，一隻手背朝自己，然後順逆纏旋轉，要求由手指的順逆纏帶動尺骨橈骨旋轉，兩肘不能上下左右晃動，腋下夾角大小不能變動。如兩肘晃動，軀幹和手臂的力量就會斷開，「翅膀」就斷了。

我們要把兩股力量合一，連接點在肩上。如兩腋夾角大小變動，會導致作為勁力連接點的兩肩鬆動而斷勁。所

以要始終保持「黃金三角」，否則你使用的只是手臂力量，或局部的扭腰力量，構不成整體勁。

●太極拳是靠「胯的轉換」指揮全局來調節肢體上下左右的運動。不要扭腰，因為腰椎在我們生活中是超負荷的，平時轉過來轉過去都是本能地轉動腰椎，過度勞損導致腰酸背痛。在拳法訓練的過程中，就要讓腰椎去休息，要求我們轉動盆骨與髖關節互動配合。要做到這個動作，必須先固定肩與大臂，保持「黃金三角」不鬆動，去阻礙脊柱的搖晃。因為有了胯的轉動，身體沉下去的時候，兩膝是一個低一個高，一個在裏一個在外，不是平行的。

在練拳過程中，兩個膝蓋如果是平行的，那麼轉動的一定是腰不是胯。所以在走架過程中是轉腰還是轉胯，一眼就看出來了。

錯誤糾正

●練拳走架時，容易犯的錯誤有兩手運動時兩肘一高一低，兩腋夾角一大一小。該動的沒動，不該動的妄動，以晃腰替代胯的轉換。

●在動作過程中往往雙手左右平移而沒有走下弧線，沒有保持「黃金三角」。在左右運轉過程中，手經常過胸中線，導致腋下夾角變動，兩肘搖晃。

●重心轉換時，如果實腿過早伸開，易造成兩腿間轉換斷勁、虛實不分，膝蓋與腳尖偏位。

●如果沒有做到勁達四肢，容易犯全身鬆懈的錯誤。每一招每一式都要求「骨剛肉鬆關節柔」，勁達四肢。不

轉胯

轉腰

能下肢停了上身還在動，或上下左右動作不匹配。

訓練功課

1.「黃金三角」的基本功「捲腕」訓練，20次為1組，共練5組。

2.「金剛搗碓」完整動作訓練20次。

「起勢」與「金剛搗碓」連起來訓練30次。

第三式　懶扎衣

懶扎衣

第三式「懶扎衣」可分解為11個動作來完成。

3-1　（接上式）上身挺立，保持「黃金三角」，鬆沉右髖，盆骨左轉，掤左膝帶動身體右轉。同時，左手抱住右拳，兩手雙逆纏，沉肘抬腕向自己的右膝上方掤出。重心六成在左，目視前方。

【要點】

肘腕用勁逆纏走上弧線，帶動兩臂尺骨橈骨前掤，肘胯同屈同伸。

【實戰法】

當敵方抓住我手臂時，我頂肘前掤把敵方「彈出」，或前掤同時雙手翻掌，抓住敵方小臂順纏下採，使敵前栽。屬於掤捋採挒之勁。

3-1

【關鍵】

「黃金三角」與「鎖肩頂肘」。

3-2 「黃金三角」不變，鬆左髖，盆骨右轉掤右膝，重心右移，同時抱拳的兩手走下弧線至小腹前。隨之兩手逆纏，交叉於左腿外側。上身挺直，兩膝對腳尖，目視前方。

【要點】

雙手逆纏帶動小臂尺骨橈骨旋轉。

【實戰法】

摔法。敵方右手抓住我胸襟，我左手置敵手腕處，右手置敵右肘下，左手逆纏下捋，同時右臂滾動尺骨橈骨走上弧線，兩手合力，同時轉身摔敵於左側。屬於掤捋之勁。

3-2

3-3　「黃金三角」不變。鬆沉右髖，盆骨左轉掤左膝，帶動身體右轉。同時兩手折腕上挑，走上弧線至胸前中線處。重心六成在左，目視正前方。

【要點】

右手按壓左手腕，左手上挑，兩手勁力相合，沉肘與上挑二意相融，互動完成。

【實戰法】

擒拿手法。敵方抓我兩手腕，我兩手外分、下插、上挑以解脫。若想反擒敵方，則右手走順纏抓住敵方手腕，左手逆纏與右手順纏走個小圈後，左手變順纏走下弧線切敵方手臂，反關節制服。屬於掤捋擠按之勁。

【關鍵】

「黃金三角」與「鎖肩頂肘」。

3-3

3-4 「黃金三角」不變。雙手逆纏，右手掌心壓

俯視圖

3-4

於左小臂之上，並用中指回拉左小
臂。兩手向裏折腕相抱於胸前，手心
向外。重心六成在左，目視前方。

懶扎衣技擊法一

【要點】

回拉時，頂肘與折腕勁力互動，指尖與肘要有相合之
意。

【實戰法】

敵方右拳向我打來，我用右手在敵臂外側接手，順纏
回拉，同時左手提腕擊打敵方後背或後頸部，隨之右肘尖
擊打敵方咽喉，一招制敵。屬於捋挒之勁。

3-5 「黃金三角」不變。鬆左髖，盆骨右轉掤右膝，
帶動身體微左轉。同時，兩手逆纏分開，左手走下弧線置

3-5

於左腿外側，掌心向下；右手走上弧線在身體右側前方掤
出，掌心向前。重心六成在右，目視前方。

【要點】

兩手逆纏，帶動小臂尺骨橈骨走上下弧線，兩手同步
到位。

【實戰法】

敵方右拳打來，我用左手從內側接手下拉，同時右掌
打擊敵方面部。屬於捋挒之勁。

【關鍵】

「黃金三角」與「鎖肩頂肘」。

3-6 「黃金三角」不變。鬆右髖，盆骨左轉掤左
膝，身體隨之右轉。同時，左手順纏走上弧線，右手順纏
走下弧線至右腿外側，帶
動右腳掤提，左右兩小臂

懶扎衣技擊法二

3-6

相交於胸前。隨之，右腳向右鑣出一步，腳跟落地，腳尖上翹與膝合，重心落於左腳，目光視向右前方。

【要點】

右手走弧線至右腿外側，準備上升裹合時，把右腳帶起。橫向出腳與雙手相合須同步完成。

【實戰法】

敵方右拳向我打來，我右手從敵方手臂外側接手，順纏走弧線使敵方手臂成反關節，左手按壓敵肘部將其制服。也可以右手從敵方手臂外側接手下捋，同時左手掌擊敵肘部使其斷臂，或掌擊敵肩使其跌撲。擒拿、擊打、摔法均可使用，屬於掤捋擠按綜合之勁。

3-7 「黃金三角」不變。鬆左髖，盆骨右轉掤右

3-7

膝，身體隨之左轉。同時右腳內扣裏合踏實，兩腳尖朝前，兩小腿逆纏裏合。鎖肩頂肘，兩手手指與兩腳勁力呼應，目視右前方。

【要點】

上身、下肢均受重心轉換指揮，手、胯、腳三意相合，內在勁力呼應。

【實戰法】

敵方一拳向我打來，我兩手在內側接手後捋，同時右肩靠敵胸部使其跌出。屬於掤捋擠靠之勁。

3-8　「黃金三角」不變。鬆右髖，盆骨左轉掤左膝，身體隨之右轉。同時右手逆纏，在右膝上方弧線按出；左手順纏向裏走下弧線，中指點於小腹前。重心六成

3-8

在左，目視右前方。

【要點】

上身「坐」在胯上，兩腿內撐外包，兩手有對拉之意，手腳同步到位。

【實戰法】

敵方左拳向我打來，我左手從敵方手臂內側或外側接手均可，順纏下捋，同時用右掌擊打其面部。屬於捋挒之勁。

【關鍵】

「黃金三角」與「鎖肩頂肘」。

3-9　「黃金三角」不變。沉左胯，掤兩膝，同時右手沉肘提腕逆纏，帶動尺骨橈骨旋轉向裏折腕收於胸前；

3-9

左手逆纏帶動尺骨橈骨向上旋轉，使左手虎口貼於上腹部。上身挺立，重心在左，目視右前方。

【要點】

指肘二意相合，兩膝相掤找腳尖，內在勁力含而不丟。

【實戰法】

敵方右拳向我打來，我左手從敵方手臂下側接手，抓住敵方手腕逆纏回拉。同時，右掌擊打敵右頸動脈，隨之勾住敵方頸部，用肘連擊敵方喉嚨或胸部。若我左臂被敵抓住，我頂肘提腕逆纏回拉，同時右肘擊打敵胸部。屬於捋捌肘靠之勁。

【關鍵】

「黃金三角」與「鎖肩頂肘」。

3-10 「黃金三角」不變。右手順纏打開，畫個小圈後拖尾巴走下弧線，找左小臂相合；左手順纏貼腹滾動一圈後，翻掌變為逆纏向裏折腕，虎口貼於腹部，小臂與右手掌相合。在兩手分開時，身體重心右移，在兩手相合時，重心左移，目視右前方。

【要點】

重心轉換與兩手的動作要步調一致。

【實戰法】

敵方右拳打來，我右手在敵臂外側接手下捋，突然鬆手，提左肘擊打其右脅或後腰，同時右手抱打敵左肋；也可用於擒拿，我右手在敵臂外側接手，順纏向右下捋，同

懶扎衣技擊法三

3-10

時左肘按壓敵肘部，兩手二勁合一制服敵方。屬於肘靠之勁。

【關鍵】

「黃金三角」與「鎖肩頂肘」。

3-11 「黃金三角」不變。左手從右臂內側沉肘提腕順纏，與右手逆纏同步翻掌，右手掌心向外，左手腕按壓於右手背，掌心向裏。兩手翻掌向右膝上方掤出，同時左胯下沉，身往上拔，兩膝掤住，重心六成在左，目視右前方。

【要點】

注意手臂上的節節分家與沉肘外掤。兩腳逆纏相合，兩膝掤勁不丟。

3-11

【實戰法】

　　當敵方抓我手臂時，我右手壓在敵方手臂上，左手提起，兩手一個合力掙脫被制，同時兩手重疊打擊敵方面部。屬於掤捌之勁。

點撥提高

　　●再強調一下肢體規矩，要根深蒂固地灌輸進腦子裏去。手為主動，小臂為被動，大臂不動；胯為主動，大腿被動，膝蓋以下儘量不動。

　　●肘胯同屈同伸，而且要有球體感。右手挑起來時，要求食指對著自己的鼻子，在肢體膨脹狀態下，用右手的中指把左臂拉回來。左手手指依次順纏到小腹，右手正好運動到右膝上方，這種運動方式叫複合勁的訓練。練拳時一招一式都要體會複合勁力，不要只顧單方向的力。後文

還會詳解複合力。

錯誤糾正

●這裏說一個由「同屈同伸」產生的假象。很多人練「懶扎衣」的時候會提升手臂，這是錯誤的。這式動作並沒有把手臂上升，表面上看到的手臂上升其實是胯下沉造成的假象。如在訓練時把手臂上升，勢必動肘，會導致肩臂斷開，就不是整體的力量而僅是手臂的力量了。記住，要上下協調，同屈同伸，不要不沉胯而只把手臂提起來。球體感要出來，肌肉放鬆，「骨架是車輛，肌肉是乘客」。

訓練功課

1.「黃金三角」的基本功「捲腕」訓練，20次為1組，共練5組。

2.「懶扎衣」訓練20次。

3.已學式子連起來打20遍。

【訓練要求】

管住「黃金三角」，用力使肩與大臂不要斷開。這是初步訓練的過程，待到熟練之後，就可以用意不用力了。

第四式　六封四閉

六封四閉

「六封四閉」這一式的身法很特殊，開中有合，合中

有開，主要訓練胸腰折疊和上肢的開合之勁。可分解為3
個動作來完成。

4-1 （接上式）「黃金三角」不變。鬆左髖，盆骨
右移掤右膝，身體隨之左轉，同時右手順纏左手逆纏在右
腿外側走弧線向胸前上挑捋，左手成刁手在左肩前方與肩
同高，右肘在右膝上方，掌指略低於肩。重心六成在右，
目視右方。

【要點】

胯的轉換與手上動作同步，兩腳
逆纏裏合，兩膝掤勁不丟。

【實戰法】

擒拿。敵方左手一拳向我打來，

六封四閉技擊法一

左手

右手

4-1

我用左手在敵方手臂外側接手下捋，同時右手於敵方肘關節順纏走弧線，雙手上下一個合力，反關節擒住對方手臂。屬於掤捋之勁。

【關鍵】

「黃金三角」與「鎖肩頂肘」。

4-2　「黃金三角」不變。鬆沉右胯掤兩膝，身向左轉。同時，雙手逆纏向外打開，走弧線經兩耳下方至胸前。重心在右，目視右前方。

【要點】

左胸打開，右胸含合，呈半開胸狀。

【實戰法】

這是一個解脫的技法。敵方抓住我的手臂，我抬手逆

4-2

纏向後走弧線，翻掌下採，解脫被制或使敵前衝撲地。屬
於掤捋採挒之勁。

4-3　「黃金三角」不變。雙手繼續逆纏，走下弧線
向右膝斜上方沉肘推出。在雙手推出的同時，左腳以腳尖
著地，畫弧線點於右腳旁，重心落於右腿，目視右前方。

【要點】

含胸下沉、換襠擰胯、收腳掤出一氣呵成，兩手與身
體要有對拉之意。

【實戰法】

敵方一拳向我打來，我兩手下捋攔截，同時翻掌擊打
對方。屬於捋挒擠按之勁。

六封四閉技擊法二

4-3

【關鍵】

「黃金三角」與「鎖肩頂肘」。

點撥提高

●兩手逆纏外開時，肘不要飄，一定要保持「黃金三角」。肘沉、肘頂要與手的逆纏有互動意識，小臂尺骨橈骨的自轉與走弧線的公轉要融合，體現出複合力。

●兩手合於雙頷下，左胸開，右胸含，不是全開胸。通過折疊走弧線向右膝上方推出，走弧線是為了「四兩撥千斤」，為了拔對方的根。右髖要往外頂，這是訓練我們的胯靠。

●整個動作過程中始終要有一種脹勁，對拉拔長的脹勁。想要得到脹勁，必須牢記「肘與膝」兩個固定關節，四面支撐、勁力貫穿的那一種氣勢要出來。

錯誤糾正

●習練者易在兩手外開時，無手上逆纏，兩肘無力，兩臂鬆懈隨手而動。向右推出時沒有弧線，兩腋夾角變小，僅用雙手之力，少了**胸腰折疊**。上下肢、身與手勁力斷卻，有「術」無「武」。

【名詞】

胸腰折疊：是指胸部一開一合狀態下，與「胯的轉換」相結合所產生的螺旋力量。

訓練功課

1.「黃金三角」的基本功「捲腕」訓練，30次為1組，共練5組。

2.「六封四閉」訓練30次。

3.已學式子連起來打20遍。

【訓練要求】

切記：「翅膀」別斷了！

第五式　單　鞭

單鞭

　　「單鞭」是重點訓練「黃金三角」的最後一式。「黃金三角」的重要性在前面強調多次，「黃金三角」從無到有再從有到無，是一個永恒的追求，當你信手拈來時，那麼你已經進入了高手行列，絕非虛言。

　　「單鞭」這個動作，在傳統太極拳架裏出現多次，除了技擊內容外，還有另一個目的。一般情況下，拳架打到十來個動作的時候，習練者的身體會有一些鬆懈，需要調整一下。「單鞭」就像訓練場上的立正一樣，歸正一下精氣神與動作方位，所以要打出一種正氣、霸氣來。

　　另外需說明一下，為了「胯的轉換」和上下肢勁力通達，我把傳統的「一」字單鞭做了一點調整，在本書中「單鞭」定勢略向左偏。

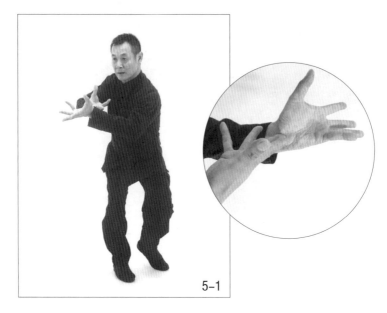

5-1

5-1 （接上式）「黃金三角」不變。左腳尖配合右髖下沉，盆骨微左轉，帶動身體微右轉。同時兩手雙順纏使兩手心朝上，右手中指點於左手腕內側。重心在右，目視右前方。

【要點】

手為主動，帶動小臂尺骨橈骨，兩肘保持不晃動。下沉右轉、手開手合，上下協調。

【實戰法】

如敵方出右拳擊來，我右手從敵臂內側接手，向左下弧線将，同時左手在敵肘關節外側，兩手**纏絲分勁**折傷敵方肘關節。屬於将捌之勁。

【關鍵】

「黃金三角」與「鎖肩頂肘」。

【名詞】

纏絲分勁：指動作中具備前後、左右、上下三股拮抗力。

5-2　「黃金三角」不變。鬆左髖盆骨右移掤右膝，身體隨之左轉。右手順纏經左手心，沉肘提腕至右膝上方成勾手，與肩同高，同時左手順纏向裏走下弧線，中指點於腹前。重心在右，目視右前方。

【要點】

兩手動作同步完成，虛腳用勁與兩手呼應。

【實戰法】

若敵右拳向我擊來，我右手在敵方手臂下方格擋，左手從上方拉開敵臂下捋，同時右手提腕擊打敵方咽喉。若

單鞭技擊法

5-2

敵手抓住我右臂，可用「金絲纏腕」擒拿，或用右臂彈抖掙脫後，快速打擊敵咽喉或面部。屬於挒捯彈抖冷勁。

5-3 「黃金三角」不變。鬆沉右胯掤右膝，掤提左腳向左鏟出一步，腳跟著地，目視左前方。

【要點】

鬆沉右胯與左腳掤提二意相通。

【實戰法】

敵右拳擊來，我右手在敵臂外側接手右挒，同時出左腳落於敵方身後，左肘擊打敵腋下；也可用太極腳法，出左勾腳破壞敵方重心，然後側踹敵方另一條腿使敵方跌翻在地。屬於挒捯肘靠與太極腳法。

5-3

【關鍵】

「黃金三角」與「鎖肩頂肘」。

5–4　「黃金三角」不變。鬆右髖盆骨左轉，帶動身體右轉，左腳內扣落地裏合，左手順纏上提至鎖骨下方。隨之鬆沉左髖盆骨右轉，掤右膝，左手變逆纏走外弧線，右手沉肘，翻動手腕與左手互動。左手在左腿外側，右肘與右膝相合，重心六成在右，目視正前方。

【要點】

本書中「單鞭」定勢比傳統架向左轉了30°。兩手動作與重心轉換須相互聯動，動作到位時全身沉一次，兩手與兩腿要有內撐外包之意。

真傳課堂

弓與沉

5–4

【實戰法】

若敵從左側或正面攻擊，我用右手刁住敵右手向右側捋，同時進腳在敵右腿後，一個橫擠使敵方倒地。若敵用左手進攻，我右手刁住敵左手向下捋，同時左腳踏中門，左手穿心肘接劈面掌攻敵。屬於掤捋擠靠之勁。

【名詞】

沉：指全身骨架用關節拮抗力膨脹一次。

點撥提高

●沉肘提腕，要有肘沉下去才使手「撬」起來的意思，也就是肘沉下去50%的力量，手提起來50%的力量，兩種力量是互動的、複合的。太極拳是一種非常精緻的拳，要練出肢體的高度協調。外在協調內在均衡，太極功夫也就出來了。

●左手手指要逐個順纏，左手指背貼胸沉肘上提，同時右手配合著微微互動，如果右手不動只動左手，內在的勁力又不通了。左手上提後變逆纏，帶動尺骨橈骨弧線外分，右手配合著微微翻腕。兩手、兩腿要有開中有合、合中有開的意識。

錯誤糾正

單鞭習練中有幾個易犯錯誤。

●一是沒有肩臂一體的概念。習練拳架時，如果腋下夾角隨意變化，兩膝搖晃，固定的關節沒有固定，就產生不了拮抗力與複合力。

真傳課堂

區分轉腰
與轉胯

●二是單鞭定勢時兩膝在同一平面。兩膝如果在同一平面上，一定是轉腰不轉胯造成的，兩髖關節容易與上身斷開，使腳上的力很難輸送到手上，造成上下斷勁。正確要求是在重心轉換過程中轉動胯，胯的轉換勢必造成兩膝一高一低、一前一後的不平行狀態，這樣上下就合起來了，練拳就是練一個合勁。

●三是單鞭的沉，大多數習練者把身體一蹲就當是沉了。應該在固定關節固定住的狀態下，全身拉開、膨脹。

●四是沒有虛領頂勁，低頭弓背，失卻上下對拔之意。

訓練功課

1.「黃金三角」的基本功「捲腕」訓練，30次為1組，共練6組。

2.「單鞭」訓練20次。

3. 把本章5個式子，連接起來打15遍。

【訓練要求】

本章的拳架練習是以訓練「黃金三角」為主，在練拳走架中切記不要「斷了翅膀」，肩臂合一是本章的重點突破任務！

訓練問診

1. 練拳應先從哪一個基本動作開始練？

答：從起勢開始，從手腳互相呼應開始，這樣全身氣血、勁力是通的。肢體結構要從肩開始訓練，把肩臂兩種力量合在一起。

2. 起勢時，兩手在身體兩側打開抓提，手指勁力的方向如何走？

答：雙手打開，沒讓你抓提，是讓你雙逆纏沉肘提起，同時帶動小臂尺骨、橈骨轉動。這裏有了沉肘提起的上下之力，有手與肘相合的前後之力，有逆纏帶動小臂尺骨橈骨的左右之力，三力合一的「太極纏絲勁」，是一種複合力。太極拳習練正確與否，是以尋找到複合力為準則的，要找到複合力，就要保證「固定關節更固定，靈活關節更靈活」。

3. 雙手提起後，小圈拖尾巴的目的是什麼？

答：這個動作在太極拳中稱為「轉關」。所謂「圓運行、方打擊」，是方與圓的轉換，比如左挒到位後要轉回去，就用一個小圈來連接下一個動作。走路碰到牆了，你要回頭總該轉身吧？這個轉身就叫轉關。小圈拖尾巴是招

式轉換連接用的，很多太極拳技巧，比如「四兩撥千斤」就來自於這個小圈。

4. 提腿為什麼要腳面繃直而不是頂膝蓋向上？

答：頂膝蓋向上是三節不分的，違背了太極拳的訓練要求「節節分家」。而且抬腿的力量來自於髖關節，並沒有做到「力從腳起」。腳跟找屁股是腳趾向後繃提而起的，不僅做到了「力從腳起」，而且以踝關節為主動，小腿被動，大腿不動，達到了腳上三節分家的訓練目的。習練者可以去體會這兩種起腳模式。

5. 我發現練拳中不採用外折腕很容易找到對拉拔長的感覺，不知外折腕是否有誤導人的嫌疑？

答：外折腕如果過了就容易斷勁，我只強調手指往外翹，手腕自然，手腕最多外翹45°。手指外翹利於定腕，勁力才會過去。外折腕是順逆纏帶動下的被動外折腕，以勁力暢通為要。

6. 固定胸肌「捲腕」一段時間後覺得有點憋氣，不知道是否正確？老師常說的「忘了肩，把肘當成你的肩」又是怎麼回事？

答：「捲腕」是為了訓練「黃金三角」的穩固，把人在肩背上的本能力量轉移到手臂上來，為後續的太極拳技藝打下堅實的基礎。

「捲腕」剛開始練的時候，需要用肌肉的力量來幫忙

固定「黃金三角」。所以，剛開始先把肌肉屏起來，訓練你的「黃金三角」意識，是為了幫助你固定大臂，鎖住肩關節。但這只是過程，經過一段時間訓練後，有了鎖肩的意識，就要放鬆胸肌和大臂肌肉，把意念放到骨架上去，也就不會再憋氣了。

鎖肩意識建立後，就要忘了「黃金三角」，忘了肩，意識放在肘部，從手上的小指開始捲，其餘手指依次用勁。這樣訓練，逐漸勁力就會到達小臂與手掌，勁到小臂與手掌是練武人夢寐以求的目標。

7.「捲腕」訓練的目的是什麼？肘定位的力量又是從哪裏來？

答：訓練「捲腕」的目的有三個。

一是肩臂聯合固定「黃金三角」，為太極拳之「剛」的訓練；

二是訓練小臂尺骨、橈骨轉動的幅度與靈活性；

三是在訓練過程中體會手、小臂、大臂的三節分家，也就是太極拳之「柔」的關節訓練，一個「捲腕」剛柔分明。

肘定位的力量來自大、小臂骨架關節間的拮抗力（二爭力），這個拮抗力就是我們的太極拳勁力。訓練時要意在骨架。在太極拳裏有句話叫「去掉拙力」，這個拙力是什麼呢？就是指本能的肌肉發力。

我一直強調太極拳是骨架拳，要求「骨緊肉鬆」去拙力，訓練拮抗力就是為了去除「拙力」。所以要去體會骨

架的用力,骨架明白了,就可以把肌肉慢慢放鬆,去尋求太極拳的剛柔之勁。

8. 勁力和「氣」的感覺是不是差不多?

答:在武術上而言,勁是肢體結構的剛性力量,是內在的,是關節之間經由韌帶對拉而產生的一種拮抗力。「氣」是道家上的說法,氣就是意念的延伸。「氣」可以在全身流通,是產生「勁」的運動載體,在意念的指導下,勁力貫穿的過程稱為內氣,我是這樣理解的。武術中的氣感應該是意識,在拉緊運動中產生膨脹的一種意識變化,絕不是氣在體內流動。

9. 肩、腳、胯、手、綜合訓練是不是「身備五張弓」?

答:有人認為五張弓就是兩個手臂、兩條腿、一個身子。膝蓋微彎,兩手墜肘,含胸拔背,就是彎曲的弓形。其實這個擺出來的弓是有誤區的,也是我們很多人練拳功夫不上身的原因之一。

真正的身備五張弓是什麼?首先,弓是用來射箭的,是發力工具。沒有弦線的弓只能是張廢弓,有了弦線的弓才是真正的弓。所以我們在習練拳架的時候,相鄰關節間要有互為阻力的一種對拉,使它們產生拮抗力,拮抗力就是一根弦線,所以弓不是擺出來的。比如說,胯以上與胯以下兩部分身體經過對拉拔長後產生的拮抗力稱為身弓;大腿與小腿互為阻力產生抻拉形成腿弓;肘與肩、肘與

真傳課堂

身備五張弓

手產生的對拉是手弓。發力的瞬間產生了兩張腿弓、兩張手弓、一張身弓，五張弓發力是同步的，不是各自為營的。

而本書的肩、腳、胯、手、綜合訓練體系，是拆開來逐個突破的訓練方法，跟「身備五弓」不是一回事，一個是訓練過程，一個是實用中的狀態。

10. 如何做練功規劃和順序安排？

答：練功規劃，按照本書的「五步曲」訓練法比較穩妥。第一步是肩，第二步是胯，第三步是臂，第四步是腳，第五步是手。可參考本書第一章中的「太極拳訓練體系」。

11. 怎樣確定捲腕是否合格了？

答：捲腕的目的，一是「黃金三角」的定位，二是大臂、小臂、手的節節分家，三是尺橈二骨旋轉訓練。是否合格，要在拳架裏檢驗，單從基本功本身來看是檢驗不出來的。因為拳架裏要顧及很多點，腳、肩、胯、身法、步法等，只有融入拳架裏，才算基本功合格。

12. 訓練「黃金三角」能發力迅速，「立地生根」也能夠提高出腿速度嗎？

答：這是兩種概念。「黃金三角」可以提高出手速度不假，但只是大臂與身體力量合一的一種訓練體系，它和速度還沒有直接關係。它能把本來在肩的力量前移到肘

上，為速度和打擊力度提供保障。

立地生根並不是一動不動，而是指腳踏大地的反作用力由腳傳遞上來，發出一種整體勁。「立地生根」和「黃金三角」都是發力載體的訓練，至於速度又是另外一種訓練方式。

【名詞】

立地生根：是就大小腿分家而言的。膝蓋以下到腳踏實不動，胯帶動大腿與上肢進行折疊、旋轉，如同不倒翁之感。

13.「黃金三角」或「立地生根」一般需要練多長時間？這兩個基本功，是不是需要一直練下去？

答：基本功不一定要一直練下去，我始終強調要練拳架。拳架是要固定「黃金三角」的，因為怕你在拳架訓練中固定不住關節，所以單獨提煉出來，作為基本功來為拳架做準備。拳架是武術中的精華，是「術」，一切基本功都是「武」，而「武」是為「術」服務的。

14. 捲腕時，定肘和頂肘的概念不太明白，是先定才能產生頂勁，還是先頂才能定住？

答：定肘也好，頂肘也罷，目的都是為了定肘。大臂向上連著肩，向下連著肘，肘一動，等於大臂動，大臂一動肩也跟著動了。鎖肩頂肘迫使肩與肘產生拮抗力，進一步加強了大臂的固定，所以頂肘是為定肘服務的。

15. 含胸拔背如何理解？兩個肩胛骨是平的嗎？

答：有人認為命門外突，兩肩微向前扣，後背是圓的就叫含胸。我認為這是種病態姿勢，是拳架上的猥瑣。按肢體結構來講，訓練時頸椎、脊椎的骨架是需要拉直的，沒有彎曲，拔背就是挺直脊梁骨。脊梁骨挺直了，胸部就自然而然地有了上下之含。背往上拔，兩個肩胛骨自然就平了，頭往上領，虛領頂勁也出來了。含胸拔背做正確，也就為身弓漲力打下了基礎。

16. 捲腕啟動時是頂肘的後坐力傳到手腕帶動尺骨橈骨旋轉，還是腕領勁帶動尺骨橈骨旋轉？

答：後坐力是不對的，必須是拮抗力。當「捲腕」啟動時，首先是在肘固定的情況下，拳頭往前搠，一搠就產生了大臂與小臂、小臂與腕的拮抗力。理解為後坐力是錯誤的，說明你的肘和大臂只是死死地用肌肉屏住。

胯上的功夫肩上練

「胯的轉換」不僅為大小腿分家打好基礎，也展示了以左右旋轉為主的太極拳特點，在健身、養生上也占有極重要的位置。

胯的轉換

　　「胯上的功夫肩上練」的訓練載體是「胯的轉換」，也就是盆骨在兩個髖關節上的運動。

　　經過「黃金三角」的訓練，我們掌握了鎖肩頂肘，學會了不允許隨意變換兩腋的夾角大小而「斷了翅膀」。「黃金三角」的訓練牽制了脊柱、膝蓋的任意搖晃，只能去旋轉胯，也就構成了「胯上的功夫肩上練」的訓練邏輯。

基本功：擰閥門

　　1.上肢保持「黃金三角」不變。脊椎挺直，鬆開兩髖，**尾閭微泛**，命門內收，含胸拔背，頭往上領，目光平視，把上肢「坐」在兩髖上。兩手握拳，左拳在前在上，右拳在後在下，分於兩腿上方，兩拳面斜相對，做握方向盤狀。

　　2.「黃金三角」勁力不丟。鬆沉左髖，盆骨右轉至右髖，同時掤右膝，身體隨胯的帶動而左轉。同時，兩手握拳隨身體用力擰向左轉。兩腿左膝高右膝低，左膝裏右膝外。

3.「黃金三角」勁力不丟。鬆沉右髖，盆骨左轉至左髖，掤左膝，身體隨胯帶動而右轉。同時，兩手握拳隨身體用力擰向右轉。兩腿右膝高左膝低，右膝裏左膝外。

【要點】

兩髖關節之間須拉緊，兩膝掤住，兩腿各自成腿弓。左右各完成一次為一個訓練單元。

【作用】

「胯的轉換」不僅為大小腿分家打好基礎，也展示了太極拳以左右旋轉為主的特點。旋轉協調不僅在太極拳架中非常重要，對於健身、養生也具有極重要的作用。都市生活的人一般到了四五十歲，就會出現腰酸背痛等毛病，一個主要原因就是平時盆骨的運動很少。按照人的本能行為習慣，通常用腰椎轉動身體，盆骨不怎麼動，所以這一部位沒有得到鍛鍊。

盆腔和腹部是我們在鍛鍊中經常忽略的一個部位，實際上腹腔在神經學中是很主要的地方，因為腹腔裏密布著腹腔神經叢，包括大量的交感神經和副交感神經。我們的脊椎是從腹腔發源的，腹腔裏也有神經元細胞，與大腦和脊髓的中樞地位一樣重要。

胯的轉換訓練不僅能讓腰椎得到休息，還能練出身體中正、上下協調的整體力量，尤其是由兩髖與盆骨形成了巨大的左右骨扭力。這一切都必須建立在「肩」的基礎上，沒有肩就不可能有胯，上下也不可能協調。所以本書提出「胯上的功夫肩上練」的訓練方式，要求習練者們在招式訓練中，重點突破「胯的轉換」，為下一步「臂上的

功夫手上練」打下基礎。

【關鍵】

兩膝不在同一平面上，如在同一平面，旋轉的一定是「腰」。

【名詞】

尾閭微泛：指盆骨微向後傾，與兩膝產生對拉。目的是與兩髖關節拉開空隙，使上肢與兩腿「斷開」，為「卸力」服務。盆骨與兩髖關節是肢體力量運用的「離合器」，可以隨動作要求達成左、右、後三個方位的「離與合」。尾閭微泛是後方位動作。

招式訓練

第六式　閃通背

閃通背

本章的教學目標是突破「胯的橫向旋轉」，把「胯的轉換」融入到招式中去。第六式「閃通背」，可分解為8個動作來完成。

6-1　（接上式）鬆沉右髖，盆骨左轉掤左膝，身體隨之右轉。同時兩手雙逆纏裏合，帶動尺骨橈骨旋轉成裏

6-1

折腕收於胸前，腕高於肘，兩手背相對。重心落於左腿，目視前方。

【要點】

重點把意念放在「胯的轉換」上。兩手逆纏裏合的時候，要有由頂肘把兩手拉回的意識，注意「翅膀」別斷了。

【實戰法】

敵在側方抓住我一臂時，我被抓之手逆纏裏合解脫，同時用肘尖打擊敵方胸部。若敵方二人各抓住我一手，我兩手雙逆纏拉回解脫，並揮手分擊敵方面門，或兩手先雙逆纏轉雙順纏，用「金絲纏腕」擒拿敵方。屬於掤捌纏絲勁。

【關鍵】

鬆沉右髖，盆骨左轉。

【名詞】

纏絲勁：本書中指手、胯的公轉和小臂尺骨橈骨、小腿脛腓骨的自轉所產生的骨扭力，與肢體的折疊、膨脹融合在一起的複合勁。

6-2 鬆沉左髖，盆骨右轉掤右膝，身體隨之左轉。同時，兩手雙順纏外開走下弧線裏合，右手腕到左手腕內側上方時，變右手逆纏左手順纏，兩手抱雙臂合於胸前。重心落於右腿，目視前方。

【要點】

做這個動作時，意念在「胯的轉換」上。鎖肩頂肘，以肘為圓心，小臂膨脹走弧線，合上時要求相抱兩臂與兩腳勁力呼應。

6-2

【實戰法】

敵方抓我兩肩或胸部時，我用兩手在敵一臂的肘部內外抱合，兩手同時纏絲前掤，傷敵肘關節。若敵方右手一拳向我面門打來，我用左手由下自上接手，走左側後弧線，同時右手在敵肘部一抱，可折敵肘關節，再順勢用肘擊打敵方胸部。屬於掤捋擠按之勁。

【關鍵】

鬆沉右髖，盆骨左轉。

閃通臂技擊法一

6-3 雙手抱臂合於胸前不變，鬆沉右髖，盆骨左轉，帶動身體右轉。同時，右腳以跟為軸外擺180°，隨之身向右轉帶動左腳以腳尖著地走弧線，轉體180°。重心落於右腿，目視右前方。

【要點】

轉換重心與轉體要一氣呵成，轉體後兩腳雙逆纏裏合

6-3正

6-3背

踏實，不允許身體飄晃。

【實戰法】

敵從背後把我抱住，我用兩手扣住敵兩臂，猛轉身摔敵於左側；也可用於肘擊，敵從身後或右側擊來，我轉身用右手從敵臂外側接手下捋，同時左手放敵身後，右手滾動尺骨橈骨，兩手合抱用橫肘擊打敵胸部。屬於掤捋擠靠開合之勁。

【關鍵】

鬆沉右髖，盆骨左轉。

6-4 鬆沉右髖，盆骨左轉，掤左膝，身體隨之右轉。同時，抱於胸前的兩手逆纏，立掌向右斜上方震肘掤出。重心六成在左，目視右側。

6-4

【要點】

撩掌的時候，兩手尺骨橈骨要旋轉配合，右手推壓左手用疊加勁撩掌。同時鎖肩頂肘，不要把自己的肩和肘也送出去，兩膝前掤與兩掌勁力相合。

【實戰法】

快打法。右側敵向我一拳擊來，我用雙手左右一合一捋，同時用左右手疊加的掌勁擊打敵方的胸部、面部。屬於捋捌冷勁。

【名詞】

撩掌：指翻動手腕，用手掌或手指背面擊打對手。用於干擾對手的視線和注意力，多見於虛招。

6-5 鬆沉左胯，掤左膝，右手逆纏打開走上弧線，帶動右腳以腳跟為軸與右手同步外擺180°，身體也隨之右轉。同時，左手順纏變刁手，走下弧線拉開，在左腿外後側。重心保持在左腿，目視前方。

【要點】

身體的旋轉是在盆骨與兩髖關節配合下完成的，右腳外擺是在右手帶領下完成的。

【實戰法】

摔法。敵一拳向我打來，我用右手從敵臂外側接手，同時進右腳以腳後跟為軸向外勾擺敵腳後跟，使敵下部平衡破壞。右手配合腳的勾擺，摔敵於地。屬於掤捋採捌之勁。

6-5-1

6-5-2

左手刁手

【關鍵】

鬆沉左胯，掤左膝。

　　6-6　鬆沉右胯，右腳踏實，隨之右手變順纏走下弧線裏合找左手，左手逆纏走上弧線，帶動左腳掤提。兩手在胸前相交，同時左腳向左前方點出一步，左手置於小腹前手心向下，右手在左臂上方向前穿出，手心朝上，手指向前。重心落於右腳，目視前方。

6-6

【要點】

左腳點地時要輕，兩手勁力要相合。右手向前穿出時，兩手、右胯、左腳趾三點勁力相合成身弓。

【實戰法】

這個動作是中國傳統武術的經典招法「白蛇吐信」。敵方一拳打來，我先用右手在敵手臂外側接手，走弧線下捋化解。同時把敵臂交於左手，右手順勢前穿打擊敵方咽喉。屬於捋挒之勁。

【關鍵】

鬆沉右胯，掤提左腳。

6-7 鬆沉右髖盆骨左轉，同時右手逆纏外翻，收至左肩上方，左手順纏上升到左肩側，兩手間距一臂長度。

閃通背技擊法二

6-7

在雙手順逆纏的同時，左腳隨胯的轉動以腳尖為軸，腳跟向外轉擺，重心在右，目視左側。

【要點】

鎖肩頂肘，鬆胯、翻掌、腳尖旋轉一氣呵成，左胯凸出以進一步穩固重心。

【實戰法】

這是一個斷臂摔法。敵方一拳打來，我先用右手在敵手腕內側接手，同時伸左手拿住敵上臂，左手順纏右手逆纏，翻手把敵臂拉向己方肩上。同時，左腳上步轉身靠敵方右脅，同時兩手往下一按，可斷敵方手臂，如繼續轉身可將敵摔於己身右前方。屬於掤将擠靠之勁。

【關鍵】

鬆沉右髖，盆骨左轉。

6-8 雙手走下弧線，帶動右腳以腳尖著地向右後側劃出，轉體180°，兩腳逆纏，內扣踏實。左手在胸前左側，右手在腹前右側，重心六成在右，目視前方。

【要點】

手的下落弧線帶領轉體和落地，震肘、震腳同步，手腳勁力要合上。

【實戰法】

快打法。敵向我面部正拳打來，我用右手從敵臂外側接手下捋，同時左掌擊敵右側頸動脈。用於摔法則是轉身摔。屬於捋捌之勁。

6-8背

6-8正

點撥提高

●在單鞭的基礎上，兩手走個小圈，雙逆纏帶動尺骨橈骨的滾動，收於胸前，肘、指要互動。

●轉身要用手帶動腳，跳得低一點，在實戰中跳得高是沒有用的，落地慢了零點幾秒直接的後果就是被打。每次轉換，必須是「胯的轉換」帶動身體。

錯誤糾正

●注意不能丟掉「黃金三角」，重心轉換沒有用「胯的轉換」帶動身體，而是扭腰。

●兩手沒有順逆纏，抱合無勁。發力用的是「拙力」，是本能的肌肉收縮產生的力，也就是長而不脆的肌肉力。注意避免。

●轉體跳躍時容易把注意力放在腳上，忘了手領腳跳，導致手與腳勁力合不上。注意避免。

訓練功課

1.「黃金三角」的基本功「捲腕」訓練，20次為1組，共練4組。

2.「撐閥門」胯的轉換訓練，一左一右為1次，共做60次。

3.「閃通背」招式訓練20次。

4.已學式子連起來打10遍。

第七式　掩手肱錘

掩手肱錘

第七式「掩手肱錘」，仍是以突破「胯的橫向旋轉」為教學目標，可分解為5個動作來完成。

7-1　（接上式）鬆沉右髖，盆骨左轉掤左膝，身體隨之右轉，同時兩手雙逆纏，外開走上弧線，裏合下插於腹前，左手虎口按壓右手腕上面，十指向下。在兩手雙逆纏走上弧線的同時掤提右腳，在兩手裏合下插的同時右腳尖向後擺180°震腳落地，重心落於右腿。

【要點】

兩手抱合下插同步完成，手往上升胯

7-1

往下沉，身體上下要對拔，左腿掤膝與右腳掤提對拔，震腳下插時沉肩墜肘與頭往上領成對拔。

【實戰法】

敵方抓住我的雙肩或一手抓住我前胸時，我兩手外分內插以解脫，並順勢提腕擊打敵面部。屬於採挒之勁。

【關鍵】

鬆沉右髖，盆骨左轉掤左膝，身體隨之右轉。

7-2 鬆沉右胯掤右膝，掤提左腿並向左側鏟出一步。同時，右手順纏折腕，帶動尺骨橈骨旋轉，向右前方迅速撩擊；同步身向左轉，左手逆纏上翻，中指點於右鎖骨下方。隨後兩手迅速回到原來抱合下插的狀態，右手握拳，左手虎口按壓在右手腕上面。

7-2

掩手肱錘技擊法一

【要點】

右手撩擊與左腿橫跨一步落地需同步完成，內在勁力貫於左腳，左右兩手同步並用**通臂勁**貫穿。

【實戰法】

若敵從右後側向我打擊，我橫跨一步轉身，同時用右手迅速攔截或擊打敵方的面部。也可用於正面，敵右拳打來，我左手攔截的同時用右手撩擊敵方面部。屬於彈抖冷勁。

【名詞】

通臂勁：本書中指兩手內在盡力相呼應，在動作過程中兩手同動同停。

7-3 鬆沉右胯，同時左掌右拳逆纏外分，走弧線裏合於胸前，左手指尖朝上與鼻尖持平，右拳走一個圈以拳面貼住自己右胸，左右手一前一後合於一條線。兩手走上弧線的同時，兩腳同步一小跳以調整方位，落地時兩腳呈左偏馬步，目視前方。

【要點】

兩腳落地與兩手相合同步完成，兩手兩腳勁力相合。兩手走弧線時注意保持「黃金三角」不變。

【實戰法】

敵方一拳打來，我用右手由上往下攔截敵臂，同時左掌打擊敵方面部；若敵方右拳打來，我用右手從敵臂內側接手下捋，同時左手抱於敵方後背或後頸，右手用橫肘擊打敵方胸部或喉部。屬於掤捋擠捌開合之勁。

7-3-1

7-3-2

7-4 鬆沉左髖，盆骨右轉掤右膝，帶動身體微左轉。同時，左手五指用力從右上方弧線回抓於右胸前，右拳同步逆纏經左肘下方弧線向前掤出。左手回拉與右手前掤在胸前有一個交叉的弧線，重心六成在右，目視前方。

【要點】

左手回抓時固定「黃金三角」，鎖肩頂肘。右拳經左肘下側打出時，呈S形線路折腕打出，既要具備左右兩手對拉的通臂勁，也要具備上下、左右、前後的複合勁。

【實戰法】

若敵方從正面向我一拳打來，我用右手從敵臂下側接手攔截，左手從敵臂上方迅速拉開敵方來拳，同時右

掩手肱錘技擊法二

7-4-1

7-4-2

手折腕，從敵方的手臂下穿出打擊敵方胸部；或者若我被敵方從後面抱住，我可用右手下按敵左臂，同時用左肘擊打敵方肋部。屬於通臂、纏絲複合之勁。

【關鍵】

鬆沉左髖，盆骨右轉掤右膝，帶動身體微左轉。

7-5 鬆沉右髖，盆骨左轉掤左膝，身體隨之微左轉。同時，右拳變掌，在身體右側前方順纏走一個小圈，沉肘上提變勾手；左手滾動尺骨橈骨在左膝上方弧線掤出，兩手虎口斜相對。兩膝前掤與兩腳尖相合，重心六成在左，目視左側。

【要點】

重心變換、右手上提、左手下落同步完成。四肢勁力相互呼應。

7-5

【實戰法】

連擊法。我出拳擊打敵方如被躲過，我立即右拳變勾手用腕部擊打敵方咽喉，進行第二次攻擊。如果再次被躲過，我便順勢抓住敵手臂上捋，同時用左手腕擊打敵右肋或肝部。屬於掤捋採捌擠靠之勁。

【關鍵】

鬆沉右髖，盆骨左轉掤左膝，身體隨之微左轉。

點撥提高

●太極拳裏面有五大錘：掩手肱錘、擊地錘、披身錘、肘底錘還有指襠錘。錘的力量是腕發出來的，是節節分家、節節貫穿到腕之後發出來的，這就產生了一種混元勁。拳的直衝勁、左右旋轉勁、落點時的上下漲勁，三種

勁在接觸敵身時瞬間合一，稱為混元勁，也是一種複合勁。它是節節分家的結構組合，而不要打成沖拳，缺少一種複合的力量。

拳與錘的詳細區分可見於作者的《練拳》一書。

真傳課堂

拳與錘

錯誤糾正

●微跳調整時，不宜全身下沉起跳，跳得過高。

●若沒有上下、左右、前後的對拔和合勁，會導致拳架鬆散。

●打擊時扭腰轉胯，忽視**時差**，不注意複合力的訓練，一擊不中，打擊手無法迅速組織二次打擊。

【名詞】

時差：指實戰中的時空與節奏。

訓練功課

1.「黃金三角」的基本功「捲腕」訓練，20次為1組，共練2組。

2.「擰閥門」胯的轉換訓練，一左一右為1次，共做60次。

3.「掩手肱錘」招式訓練20次。

4.已學式子連起來打10遍。

第八式　白鶴亮翅

白鶴亮翅

第八式「白鶴亮翅」，可分解為3個動作來完成教學。

8-1　（接上式）鬆沉左髖，盆骨右移掤右膝下沉，帶動身體左轉。同時雙手分開，右手順纏走下弧線，左手逆纏走上弧線，左腳同步以腳後跟為軸腳尖上翹外擺135°，掤左膝，重心移至右腿，目視左前方。

【要點】

左右手走弧線時必須保持「黃金三角」，兩手順逆纏帶動尺骨橈骨的旋轉，右腿下沉與左腳尖互動完成。

白鶴亮翅技擊法一

8-1

【實戰法】

這是一個擒拿法。我右手抓住敵方右手順纏走弧線上掤，掌心向自己，使敵方手臂呈反關節狀，左手放於敵方手臂上側，左手外分，右手裏合，將敵方制服於地面。也可用於摔法，若敵方右拳向我打來，我右手接手順勢走個小圈，交於左手外捋，同時右手上捋至敵肘部，左腳在敵方的右腳內側外擺，兩手與腳的外擺同步合勁，將敵方摔於地面。屬於掤捋分合之勁。

【關鍵】

鬆左髖，盆骨右移掤右膝下沉。

8-2 重心移至左腿落地踏實，掤提右腳，同時兩手在腹前相合，右手掌心向上，左手裏折腕虎口放至右手腕內側上方。隨之右腳向右前方45°鏟出一步，腳跟落地，腳尖上翹，目視右前方。

【要點】

左胯、左膝與頭和右膝形成立體對拉點。

【實戰法】

腳法。如敵一腳踢來，我以兩手內外攔截或合抱敵腳，同時腳踩敵膝關節或小腿脛骨，用冷勁傷敵膝關節。屬於捋挒之勁。

8-3 鬆沉左髖，盆骨右移掤右膝，身體隨之左轉。同時右腳內扣踏實，兩手沉肘立掌上提至胸前雙逆纏分開，左手向後走下弧線至左腿後側，右手向右前方走上弧

8-2-1　　　　　　　　　　　8-2-2

8-3

白鶴亮翅技擊法二

線掤出。兩手分開的同時，左腳腳尖弧線跟進點於右腳斜後方，重心在右，目視右前方。

【要點】

兩手分開時走的路線要有上下、左右、前後的弧線意識。

【實戰法】

若敵方一拳打來，我兩手交叉上舉接手，右手從外側順纏抓住敵臂交於左手，左手逆纏外分的同時右手弧線擊打敵方頸動脈。屬於捋挒之勁。此招不到危急時刻請慎用。

【關鍵】

鬆沉左髖，盆骨右轉掤右膝，身體隨之左轉。

點撥提高

●手與腳走弧線時，要有膨脹感、球體感。一招一式要勁達四梢，兩手、兩腳、頭要領起來，精氣神要出來。晃來晃去不僅影響鍛鍊質量，用於技擊的效果更打折扣。

錯誤糾正

●所謂功夫，外在表現是高度協調的。在練拳中要有一種複合的力量，單體的協調還沒有達到高度協調的要求，高度協調必須是複合式的力量。

功夫的內在表現就是要均衡，不均衡就是太極拳所說的高低不平、斷勁，就是勁力不勻。只有勁力均衡的時候才能產生肢體的球體感，這是太極拳的特色，也就是掤

勁。如果你一會兒重，一會兒輕，就相當於有稜角，就像在一個高低不平的地面上滾一個球，就會帶來一種阻力，這在練習當中要注意。

訓練功課

1.「黃金三角」的基本功「捲腕」訓練，20次為1組，共練2組。

2.「擰閥門」胯的轉換訓練，一左一右為1次，共做60次。

3.「白鶴亮翅」訓練20次。

4.已學式子連起來打10遍。

第九式　斜行拗步

斜行拗步

第九式「斜行拗步」，可分解為4個動作來完成教學。

9-1　（接上式）鬆沉右髖，盆骨左轉掤左膝，身體隨之右轉。同時，右手順纏走一個小圈後變逆纏走下弧線至右上方，手指尖與右肩平，左手同步走上弧線裏合至胸前中線處，手指略高於左肩。在左手走上下弧線的同時，左腳後跟外擺90°落地踏實，右腳以腳跟為軸，腳尖外擺90°上翹，目視左前方。

9-1

斜行拗步技擊法一

【要點】

重心左移與左手外開、右手走小圈要同步進行；左手走上弧線、右手走下弧線與左右腳外擺要同步進行。

【實戰法】

敵方一拳打來，我右手手背接手往右後側順勢一捋，變為迎面掌，用捌勁打擊敵方面部。如敵方躲過，我左手和右手順勢下採敵方右手，以右腳腳跟與雙手形成的合力將敵向右後方摔出。屬於掤捋採捌之勁。

【關鍵】

鬆沉右髖，盆骨左轉掤左膝，身體隨之右轉。

9-2 鬆沉左胯，盆骨前移踏實右腳，隨之鬆沉右胯，膝與腳尖相合。掤提左腳，同時左手逆纏右手順纏向

左走下弧線，左腳隨之向左鏟出一步，腳跟落地腳尖上翹，目視左前方。

【要點】

掤提左腳鏟出一步時，兩手走弧線不要停頓，身體各部分的內在勁力相互呼應。

【實戰法】

敵方一拳打來，我用右手在敵臂外側接手，左手從內側接手，兩手後捋，同時左腳勾鏟敵膝關節。也可用於摔法，我用右手在敵臂外側接手，左手從內側接手，兩手後捋，同時出左腳插於敵兩腳間，左腳後掤兩手向右後捋，左腳與兩手形成一個分勁，摔敵於身前。屬於掤捋擠靠之勁。

【關鍵】

鬆沉左胯，盆骨前移踏實右腳。

9-3 鬆沉左髖，同時旋轉右胯，身體隨之下沉。左手逆纏右手順纏同步向左走下弧，左手經左膝下方至外側，右手至胸前中線。身體隨之微微右轉，重心在右，目視左前方。

【要點】

右胯的轉換與下沉，帶動兩手尺骨橈骨的旋轉向左下捋。

【實戰法】

這是一個摔法，敵抓住我雙臂，我左手逆纏右手順纏反抓敵臂，兩手與左腳配合突然開步左沉，製造一個瞬間不平衡，將敵方從左側摔出。屬於掤捋擠按之勁。

【關鍵】

鬆沉左髖，同時旋轉右胯，身體隨之下沉。

斜行拗步技擊法二

9-3-1

9-3-2

9-4 鬆沉右髖，盆骨左轉帶動左腳內扣落地踏實，身體微向右轉。同時，左手在左膝外側順纏變勾手上提至腋下，右手在胸前中線位置逆纏走後弧線收至右耳下方。隨之鬆沉左髖，盆骨右轉掤右膝，同時兩手向左右外分掤出，上肢與下肢扭曲成「十」字狀，兩腳內扣裏合平行於一線，目視右前方。

【要點】

上肢與下肢、兩腳與兩手勁力相合又對拔。

【實戰法】

若敵方抓住我兩臂，我右手向左下按壓敵方頭部，同時左手折腕上提，以腕部擊打敵方右太陽穴。若敵方抓住我右手，我上提右臂用肘關節外挑擊打敵方手臂，順勢用掌擊敵方耳根。也可用為一個轉身的摔法。屬於掤捋按挒之勁。

9-4正

9-4側

【關鍵】

鬆沉左髖，盆骨右轉掤右膝。

點撥提高

●斜行拗步要求在斜中求正，肩與胯、肘與膝不是相照的，是一個特殊的身法，訓練目的主要是胯的骨扭力與旋轉度。

●手上的動作，是在白鶴亮翅的基礎上，右手寫一個「e」，左手寫一個「c」。

錯誤糾正

●注意右手在畫「e」的時候，左手也要同步動，兩邊的「黃金三角」不能破壞，肘一晃動「翅膀」就斷了，這個要避免。不要小看手上的線路，這個線路就是「術」的一部分，因為只有這條線路敵方是抓不住你的，你走另外的線路，別人一抓你就起不來了。

●在手捋上來之後，右胯沉下去，上肢保持挺直，腳合勁，手提起來。這裏右手提起來要像六封四閉一樣，肘往外頂、手往前來，合到領部下面，然後分開。在這個地方兩腳要用力，不要手上一用力就把腳忘了。兩手兩腳的力量必須要運用到每一個動作裏，身體要規整，如果「胯的轉換」解決了，四面八方都會很穩固地支撐著。

訓練功課

1.「黃金三角」的基本功「捲腕」訓練，20次為

1組，共練2組。

2.「擰閥門」胯的轉換訓練，一左一右為1次，共做60次。

3.「斜行拗步」訓練20次。

4.已學式子連起來打10遍。

第十式 披身錘

披身錘

第十式「披身錘」動作比較複雜，可分解為8個動作來完成教學。

10-1 （接上式）鬆折右髖，盆骨左轉掤兩膝，右髖右折上身右傾。同時，兩手雙逆纏沉肘回收，折腕成拳後變雙順纏，並隨上身右傾下壓，分別置於大腿內外兩側，拳面相對，間距30公分左右。重心在右，目視左前方。

【要點】

轉身與折腰一氣呵成，上身「黃金三角」不變，左腿外虛內實。

【實戰法】

敵方一拳打來，我用右手接手，交與左手，右手掤擊敵方手臂，同時迅速向右折腰把敵方摔出。這是一個斷臂摔法，也可用於靠打。屬於掤捋開合靠挒勁。

10-1

【關鍵】

鬆折右髖，盆骨左轉掤兩膝。

10-2 鬆沉左髖，盆骨右轉掤兩膝，將右傾的身體拉向左側。同時，兩拳繼續內捲，帶動尺骨橈骨的翻滾，向左腿內外兩側插下，拳背相對。左腳腳趾用力逆纏，重心移至左腳，兩腳踏實，目視左前方。

【要點】

左腳趾用力逆纏與兩手內捲勁力相合，將右傾的身體拉向左側，「黃金三角」不變。

【實戰法】

若敵方抓住我雙臂，我可用兩手內捲下插，配合身法破之，使敵方身體向左前傾而撲地摔出，或擊打敵方小腹

10-2正　　　　　　　10-2側

部。屬於掤挒擠採之勁。

【關鍵】

鬆沉左髖，盆骨右轉掤兩膝。

10-3 鬆沉右髖，盆骨左轉掤兩膝，身體隨之右轉，同時兩拳逆纏沉肘提腕至胸前。隨之，兩拳順纏帶動尺骨橈骨向左前方裏折腕掤出，同時鬆沉左髖，盆骨右移掤兩膝，兩腳踏實，微微站起配合雙拳擊打。重心落於左腳，目視左前方。

【要點】

雙拳逆纏上提的時候，肘胯同屈同伸，與重心轉換步調一致。

【實戰法】

敵方一拳向我打來，我用雙手接住，利用尺骨橈骨的滾動下挒，由下弧線轉上弧線折腕，用腕關節打擊敵方面

10-3

部。屬於捋挒之勁。

【關鍵】

鬆沉右髖，盆骨左轉掤兩膝；鬆沉左髖，盆骨右移掤兩膝，兩腳踏實。

10-4 微微鬆沉右胯的同時，兩拳逆纏走一小圈成**平拳**，迅速震腳前擊，目視左前方。

【要點】

兩拳逆纏走小圈與鬆沉右胯二意相通，前擊與震腳一氣呵成。

【實戰法】

這是近距離擊打法，用於敵我貼身和零距離擊打，常用於連擊。屬於太極拳冷勁、彈抖勁。

10-4

【名詞】

平拳：指兩手拳面向前。

10-5 鬆沉右髖，盆骨左轉掤兩膝，身體隨之右轉。同時，兩拳雙順纏裏合隨身體右轉，左拳置於胸前中線位置，右拳置於右腿外側，重心落於左腿，目視前方。

【要點】

兩手順纏帶動尺骨橈骨隨身體旋轉，手臂上的自轉與身體的公轉同步。

【實戰法】

摔法。左右手纏住敵方的身體，一高一低配合身體的旋轉將對手從右邊摔出。屬於掤挒擠按之勁。

10–5

披身錘技擊法一

【關鍵】

鬆沉右髖，盆骨左轉掤兩膝。

10–6　鬆沉左髖，盆骨右轉掤兩膝，身體隨之左轉。同時，右拳逆纏沉肘提腕走上弧線至胸前中線，手腕與下巴等高，左拳順纏內捲走下弧線至腹前，拳心朝上，目視前方。

【要點】

兩腳逆纏裏合，兩手一上一下內在勁力相呼應，不要破壞「黃金三角」。

【實戰法】

若敵方右拳擊來，我左手從內側接手後插入敵方腋下，從敵方肩臂處下捋，同時右手提腕擊打敵方頭部；也

10-6

可用於摔法，左手抓敵臂下捋，右手在敵腋下插入上提，上下一個合力將敵從左側摔出。總之，兩手一上一下、一裏一外，中間是敵人。屬於掤捋擠捌之勁。

【關鍵】

鬆沉左髖，盆骨右移掤兩膝。

10-7 「黃金三角」不變，右拳順纏走一個小圈使手心向上，同時右膝前掤帶動身體微向左轉，左拳順纏內捲走至髖關節上方，目視前方。

【要點】

右拳順纏小圈、左拳順纏至腰際、掤膝轉身，這幾個動作要同步完成。

10-7

【實戰法】

連擊拳法。當我打擊敵方頭部被躲過時，右手立即順纏走弧線用掌根挫擊敵方頸動脈。屬於太極拳冷勁、彈抖勁。

【關鍵】

兩腳踏實，逆纏裏合。

10-8 鬆沉左髖，挪兩膝。同時，右拳逆纏走弧線使拳心向前，左手在髖關節上逆纏走一個小圈使手背朝上，拳面頂於腰際。左手小臂內側壓於左腿之上，右拳在右膝前上方與肩平，肘膝相合，重心落於右腿，目視左下方。

10–8

披身錘技擊法二

【要點】

上身挺直，左腳尖與左右兩膝三點成一條線。

【實戰法】

若我手挫擊敵方頸動脈又被躲過，右手逆纏收回，順勢用右肘擊打敵方胸部，並走一小圈用右拳外側擊打敵方右側頸動脈；左手主要用於抓住敵方右手不放。

在傳統拳法中，這招也是一個背靠法，敵方右拳打來，我用右手在敵臂外側接手，順勢一捋交於左手，接續肘靠、背靠，乃至斷臂摔。屬於掤捋靠挒之勁。

點撥提高

●「披身錘」主要是訓練兩胯的左右勁與折疊、旋轉，還有手上的纏絲勁，是基本功性能極強的一個招式。

「斜行拗步」是向左的,那麼「披身錘」就是向右的,這兩個招式都以訓練胯上功夫為主。

●在此式訓練中,注意體會髖關節的左右折疊,因為平時髖關節習慣於上下折疊,很少左右折疊。拉一拉髖關節的左右副韌帶,為盆骨的旋轉創造餘地。

●手上的動作要保持在「黃金三角」下進行,這招「披身錘」與下一個動作「青龍出水」,有一些手臂折疊動作,目的是訓練「手臂的分家」與尺骨橈骨的旋轉靈活性。

●「胯的轉換」就是盆骨在髖關節上的運動,只有這種運動方式,才有可能得到「立地生根」,因為「胯」是上下勁力的「離合器」。所以,當震腳後,「胯的轉換」帶動身體右轉,要與手臂尺骨橈骨的旋轉同步,左拳在身體中線位置,右拳在右腿後側。注意外掤內轉的左右兩個拳並沒有拉開間距。

●最後的定勢,左手壓下去的時候左膝要前掤,上身挺直,儘量拉開左髖關節,左腳的腳尖與左右兩膝關節保持一條線。「披身錘」招式對拉伸髖關節的要求非常高,希望認真習練。

錯誤糾正

●披身錘的手形問題:披身錘逆纏回來變順纏,容易犯錯的地方是兩手回收沒有逆纏,直接變拳。

●披身錘動作記住四點:一是掤兩膝,二是鬆髖走盆骨變換重心,三是「黃金三角」不能變形,四是拳頭由順

逆纏帶動小臂尺骨橈骨。在整個招式中要處處體會複合勁，千萬不要隨心所欲地完成動作。

訓練功課

1.「黃金三角」的基本功「捲腕」訓練，20次為1組，共練2組。

2.「擰閥門」胯的轉換訓練，一左一右為1次，共做60次。

3.「披身錘」訓練20次。

4. 已學式子連起來打10遍。

第十一式　青龍出水

青龍出水

「青龍出水」主要訓練「胯的轉換」、大小臂的分家與手上的纏絲，動作有點複雜，可分解為6個動作來完成教學。

11-1　（接上式）右腿緩緩站起，同時鬆沉右髖，盆骨左轉捌左膝，身體隨之右轉。同時，右拳順纏由上往下走弧線至小腹前，左拳逆纏由下往上走弧線至胸前中線。兩手在腹前交叉，右拳在裏在下，左拳在外在上。兩腳逆纏裏合，重心偏左，目視前方。

青龍出水技擊法一

【要點】

「黃金三角」保持不變，兩拳帶動尺骨橈骨滾動相交於腹前，兩拳與兩腳內在勁力相呼應。

【實戰法】

敵方一手抓住我前胸或一拳擊來，我右手在敵手臂上方接手下捋，同時左手提腕擊打敵方面部。可以左右手互換連續打擊。屬於捋挒之勁。

【關鍵】

鬆沉右髖，盆骨左轉掤左膝，身體隨之右轉。

11-2 鬆沉左髖，盆骨右轉掤右膝，身體隨之左轉。同時，左手順纏捲腕走下弧線至腹前，手心朝上，右手逆纏捲腕走上弧線至胸前中線，手心向下。兩手在腹前

11-2

交叉，左拳在裏在下，右拳在外在上，兩腳逆纏裏合，重心偏右，目視前方。

【要點】

此動與上動一樣，只是左右拳位置互換。兩膝掤住不允許隨意晃動，兩腳逆纏裏合與雙手相呼應。

【實戰法】

連擊法，左手接手下捋，右手擊打，右手接手下捋，左手擊打。屬於捋挒通臂之勁。

【關鍵】

鬆沉左髖，盆骨右轉掤右膝，身體隨之左轉。

11-3 鬆沉右髖，盆骨左轉掤左膝，身體隨之右轉。同時，右拳變立掌用力回拉至小腹前，左拳同步變上

11-3

挑掌，兩腳逆纏裏合。兩臂同時震肘回拉與掤出，重心偏左，目視前方。

【要點】

迅速轉胯，右手回拉，左手掤出，勁力一致同步震肘。

【實戰法】

同樣是連擊法。敵方一拳打來，我右手從敵手臂內側接手，抓住下捋，同時左手擊打敵脅下肝部。左右手互換可以連續使用。屬於捋捌通臂之勁。

【關鍵】

鬆沉右髖，盆骨左轉捌左膝，身體隨之右轉。

11-4 迅速鬆沉左髖，盆骨右轉捌右膝，兩腳踏實

11-4

裏合。同時，右手逆纏變拳走下弧線向右膝蓋外側掤出，左手同步順纏變爪走上弧線至右胸。左右手在胸前一進一出同步交叉，重心偏右，目視右方。

【要點】

轉胯與左右手相交，一氣呵成，追求上下、左右合力。

【實戰法】

若敵方抓住我右臂，我用左手抓住敵方手腕回拉，同時右手折腕打出，掙脫被抓之臂。也可用於打擊，敵方一拳打來，我用右手接手順勢一捋交於左手，同時右拳擊打敵方脅部或腹部。屬於捋捌通臂之勁。

【關鍵】

迅速鬆沉左髖，盆骨右轉掤右膝。

11-5

11-5 右胯微沉，右膝繼續前掤，身體隨之微左轉。同時，右手逆纏提腕走上弧線至胸中線，左手左拉使兩手於胸前成穿心肘。兩腳逆纏裏合，重心偏右，目視右前方。

【要點】

胸前兩手有鎖肩頂肘對拉之意，兩肘、兩膝的掤勁與兩腳踏實勁力互通。

【實戰法】

敵方一拳向我打來，我用右手接手後走一個弧線交於左手外将，同時右手逆纏變肘，用肘尖擊打敵方胸部。屬於掤将擠靠通臂之勁。

11-6 鬆沉右髖，盆骨左轉掤左膝，身體隨之右

11-6

青龍出水技擊法二

轉。同時，兩手在胸前逆纏內捲提腕，沉肘變順纏，雙拳
向右前方弧線搠出，拳心朝裏，重心偏左，目視右前方。

【要點】

兩腳踏實、兩膝前搠、兩手搠出，內在勁力相呼應。

【實戰法】

敵方抓住我前胸或一拳向我打來，我兩手向下一捋，
同時兩手變為捌勁擊打敵方面部。屬於捋捌之勁。

【關鍵】

鬆沉右髖，盆骨左轉搠左膝，身體隨之右轉。

點撥提高

●「青龍出水」主要是手臂動作，技法集中在兩手與
小臂上。除了「胯的轉換」之外，要去尋求「手臂上的節

節分家」，一切動作都必須保持在「黃金三角」不破壞的前提下進行。

●青龍出水在披身錘的基礎上，兩手一順一逆，在腹前相交，交叉的時候與胯的轉動相合，鬆左胯掤右手，鬆右胯掤左手。立掌上翹發力，要由兩手逆纏帶動小臂尺骨橈骨旋轉，震肘是為了給尺骨橈骨旋轉來個「急剎車」。

●兩手的各種動作必須同動同停，把「通臂勁」發揮出來，「通臂勁」是太極拳的母勁。「胯的轉換」，也就是重心虛實轉換要與手上動作合拍，做到肢體的上下、左右協調，勁力接地。

錯誤糾正

●習練此招式時，容易忘了「黃金三角」，手臂上沒有做到節節分家，就影響了尺骨橈骨的轉動。

●注意「鬆胯」時只能有一個髖關節折疊，如果兩髖同時折疊，會導致上下勁力不通，迫使發力用腰背的「拙力」，造成上下動作不協調、勁力不通、身法僵硬等毛病。我們有句古話叫「力從腳生」，力是從腳跟開始往上傳的。如果要把力量傳上來，外在表現上，實腿永遠不斷開，上下是連接著的，斷開的是虛腿；內在表現上，實腿支撐著重心，內在的勁力在虛腿上，形成支撐的架構，也就是「虛者實也，實者虛也」的太極拳理。

●輕重虛實的轉換不是脊柱的扭轉，也不是膝蓋和腳，轉換在「胯」。比如左腿是實的，左側髖關節是與盆骨連接，右髖是斷開的，當要轉換重心的時候，就要鬆開

左髖，同時盆骨右轉與右髖連接起來，一鬆一連的轉換就是「胯的轉換」。如果兩側都斷開，那麼轉動的就不是「胯」而是腰椎，左右兩個膝蓋就成了平行的，一看就知道「胯」是僵硬的。

【關鍵】

「黃金三角」固定，肘、膝兩個固定關節固定，融入到拳架中去，這是去除「拙力」的基礎。

訓練功課

1.「黃金三角」的基本功「捲腕」訓練，20次為1組，共練2組。

2.「擰閥門」胯的轉換訓練，一左一右為1次，共做60次。

3.「青龍出水」訓練20次。

4.已學式子連起來打10遍。

訓練問診

1.重心虛實在拳架中如何運行？

答：問這個問題，說明「胯」在練拳走架過程中是不靈活的，根本就沒有正確地練到過「胯」。「胯」是傳統武術的術語，在醫學、解剖學上並沒有這個名稱。髖關節

與盆骨二者相加稱為「胯」,是個組合體。所以,輕重、虛實是由盆骨在兩個髖關節上轉動而決定的。其實不需要刻意去做出輕重、虛實的動作,當可以靈活運用「胯」時,輕重虛實就已經掌握了。

再講一下虛實,虛實不明容易犯「雙重」之病。輕重與虛實是兩個概念,如果說輕重是重心轉換的外在表現,那麼虛實就是指內在勁力了,內在勁力正好與外形重心相反。比如重心在左腿,內在勁力是右腳為實,左腳為虛。如果重心在左腿,內在勁力也是左腳為實,此為「雙重」之病。「虛者實之,實者虛之」就是這個道理。

2.鬆左胯頂右膝,右胯也頂出去嗎?

答:鬆左胯掤右膝,而不是頂右膝,頂與掤不一樣。頂是由胯跟向膝蓋方向推,掤是膝蓋主動拉動大腿並與之產生拮抗力(*二爭力*),兩種用力方式不一樣。鬆左胯,盆骨右轉掤右膝,也就是這個時候,盆骨已經與右髖連接上了,所以可以稱為右「胯」了。

3.運動量如何掌握?

答:訓練重在品質,錯誤的訓練方法數量練得最多,也只是不斷重複著錯誤。所以,我一直強調練拳要用思維指導訓練,強化對動作合理性的推敲。人成年後身體的力量已經注定,經過強化訓練可能會提升三五十公斤,但一段時間不練馬上退化到既定力量,唯有訓練肢體運動結構,才是增加功力的長效方法。

4.練整套拳時，所有的重心轉換都是鬆沉左髖掤右膝，或鬆沉右髖掤左膝嗎？

答：是的，這是拳法在定步中的最基本要求，先把下肢與上肢由「胯」整合連接起來，這是第一步。

這個「鬆」裏面有很多內涵，既是重心轉換，又有胯與膝、膝與踝的拮抗力。鬆左髖時，左膝左腿要有不情願跟隨盆骨右轉的意念，這是一個矛盾體，沒有矛盾就不叫太極拳。

5.在拳架中是否應儘量保證兩腳平行？

答：是的。在拳架定步訓練中要儘量做到兩腳平行，而且要兩腳逆纏裏合，使踝關節與膝關節得到固定，旋轉任務直接由髖關節去做。比如拳式中的「斜行拗步」，它主要訓練的是髖關節的左右旋轉幅度、角度，使身法更加靈活，骨扭力增大、增強。兩腳尖平行，不論對於鍛鍊身體還是技擊技藝，都有重要意義。

6.轉胯為什麼鬆一側胯？如果按緊的要求，兩側胯都不鬆豈不更好？

答：如果兩側胯都不鬆，就影響了動作、身法的靈動性，也就僵硬了。太極拳是一門肢體技術，既要考慮傳力，又要考慮靈活變化，鬆一側「胯」的目的，就是要為身體左右運動提供「旋轉餘地」，如同汽車的離合器確保了「換擋」的靈活性。

從技擊而言，太極拳包括發力與卸力兩個方面，一緊

一鬆是為了完成輕重變換，用於卸力破招。太極拳的格鬥技法基本屬防守反擊，在確保自身安全的情況下才會去瞬間攻擊，打化一體。因此，太極拳在格鬥中的變速常常令人驚恐。

7. 轉胯時，稍微坐身，兩膝就會疼痛，請問如何定膝？

答：如果已有膝蓋傷病，應遵循醫生指導，如不嚴重，可以透過正確鍛鍊來恢復。身要坐下去時，要以髖關節的折疊為主，不要蹲下去，肢體重量在髖關節上分擔一大部分負荷，為膝關節減輕負擔。如果已經有了膝蓋疼痛，可以站得高一點，動作一招一式要緩慢，更不要折疊過度。

練拳走架時，膝蓋千萬不能左右搖晃，要用點力去固定，上身必須挺直，折疊時頭不能超過膝蓋，重心轉換必須用「胯」。

8. 轉胯時感覺還是腰在左右轉，是否也是因為膝痛不能受力造成的？

答：說反了，正是因為平時習慣於腰的運轉才帶來了膝痛，說明你在練拳過程中盆骨根本就沒運動到。練拳是有順序的，先練肩與膝、肘定位，有了這個肢體規矩就不會搖晃，再練「胯的轉換」就自然而然了。

臂上的功夫手上練

　　太極拳手上的技法靈活多變，尤其尺骨、橈骨更是「術之重器」。對小臂尺骨橈骨的「自轉」訓練，不僅增強了手臂靈活度和速度，還為太極拳的至高勁力「複合力」打下基礎。

主動、被動、不動

主動、被動、不動

　　肩、胯、腳三個部位的訓練，我稱之為「練武」。本章主題是「臂上的功夫手上練」，其訓練載體是「主動、被動、不動」，也就是「術」的基礎訓練。

基本功：手臂折疊

　　1. 上肢保持「黃金三角」，脊椎挺直，尾閭微泛，命門內收，含胸拔背，頭往上領，目光平視。

　　2. 上肢姿勢不變，勁力不丟，兩手雙逆纏沉肘提腕至胸前，接著兩手雙順纏外分走下弧線裏合，在胸前托起，兩手心朝上。

　　3. 接上式，兩手雙逆纏翻掌外分至兩腿外側，兩手背朝上，接著沉肘提腕回收至胸前，呈起勢狀，一上一下為1個訓練單元。

　　【要點】

　　意在肘腕拮抗力（二爭力）上。手主動、小臂被動、大臂不動，兩手順纏裏合與逆纏外分時，兩大臂千萬不要與肩斷開。否則整體勁力斷了，「翅膀」就斷掉了。

【作用】

　　兩手主動順逆纏，小臂的尺骨、橈骨被動旋轉，大臂保持不動，這樣訓練不僅鍛鍊了肘關節、腕關節的副韌帶和關節力矩，還實現了手臂的節節分家。

　　太極拳手上的技法靈活多變，尤其尺骨、橈骨更是「術之重器」，對小臂尺骨橈骨的「自轉」訓練，不僅能增強手臂靈活度和速度，還為練習太極拳的至高勁力「複合力」打下基礎。所以，主動、被動、不動，是一

種「術」的訓練。

小臂的訓練對健身養生有哪些好處呢？在傳統的中醫文化中，小臂上有六條經絡。三焦經、大腸經、小腸經，這三條經絡是陽性的；心經、心包經、肺經，這三條經絡是陰性的。現代搏擊、拳擊，以及跆拳道等訓練方式，很少能鍛鍊到這六條經絡，而太極拳作為中華傳統武術，注重系統訓練，我提出的「固定關節更固定，靈活關節更靈活」也是為了對經絡進行「立體」訓練。

經絡這個東西很神奇，它淺至表皮，深到臟腑，甚至到骨膜，是一個立體網絡。主動、被動、不動這種「節節分家」的拉伸旋轉運動，完全能夠鍛鍊到手臂上的六條經絡，對改善很多健康問題都有作用。比如說肩頸問題，根據中國傳統的經絡學說，肩頸問題不單來源於肩頸區域的骨胳錯位、肌肉緊張，還由於經過肩頸的大小腸兩個經絡堵塞。只有把這兩個經絡運動開來，肩頸才能真正得到放鬆。從穴位上來講，主動、被動、不動的訓練能使手上的內關穴、外關穴得到最大程度的鍛鍊。

招式訓練

本章的教學目標是突破「手臂上的分家」，把「主動、被動、不動」融入到招式中去，去除「拙力」，為太極拳「勁走骨架」的要求打基礎。

第十二式　雲 手

雲手

第十二式「雲手」，可分解為5個動作來完成教學。

12-1　（接上式）左腳鬆胯下沉，同時兩拳打開變掌，向右前方走一個小圈，順勢向左走下弧線。右手走至右腿外側時將右腿帶回點步於左腳旁，右手指尖點於腹部，手心朝上；左手在左肩外側前方，指尖與耳同高，手心朝外。重心落於左腳，目視右前方。

【要點】

保持「黃金三角」不變，兩手的順纏、逆纏帶動小臂尺骨橈骨旋轉折疊。

12-1-1

12-1-2

【實戰法】

敵方一拳向我打來，我用左手攔截下捋，右手上升打擊，或者右手攔截下捋，左手上升打擊，相互交替使用。屬於掤捋擠按之勁。

【關鍵】

手為主動，小臂為被動，大臂為不動。

12-2 右腳踏實，重心右移。同時，右手順纏，貼胸沉肘上提，變逆纏走上弧線向右前方掤出，右手手心朝外，與耳同高；左手同步變順纏走下弧線裏合至小腹中線，指尖點於腹部，手心朝上，同時把左腳帶起向左橫跨一步，腳跟落地腳尖上翹，重心在右，目視左前方。

12-2

雲手技擊法

【要點】

兩手順逆纏走弧線的時候，要求鎖肩頂肘，注意**輕手重腳、重手輕腳**。

【實戰法】

靠法。敵方一拳打來，我用右手在敵方手臂外側接手向右後捋，同時進左腳，右手抱於敵方後腰，用左肩靠敵方右腋下使敵方跌出。屬於掤捋擠靠之勁。

【名詞】

輕手重腳、重手輕腳：輕手重腳一般用於兩腳踏地式的動作，重手輕腳一般用於單腿支撐時的動作。

12-3 鬆沉右髖，盆骨左轉，左腳落地踏實。同時，左手順纏，指背貼胸沉肘上提至胸前，變逆纏向左走

12-3

上弧線至左前方，與耳同高；右手同步順纏走下弧線至小腹中線，手指點於腹部，重心落於左腳，目視右前方。

【要點】

兩手順逆纏走弧線的時候，要求鎖肩頂肘，注意輕手重腳、重手輕腳。

12-2與12-3兩個動作連續向左做三遍。

【關鍵】

手為主動，小臂為被動，大臂不動。

12-4 鬆左髖，盆骨右轉。同時，右手順纏，指背貼胸沉肘上提至胸前，變逆纏向右走上弧線至右前方，與耳同高；左手同步順纏向裏走下弧線至小腹中線，手指點於腹部，同時將左腳帶回點於右腳旁。重心落於右腳，目

12-4

視左前方。

【要點】

「雲手」動作一般是向左做三個，再回返向右做三個。本動是轉換方向的過渡動作。

【關鍵】

手為主動，小臂為被動，大臂為不動。

12-5 左腳踏實，重心左移。同時，左手順纏，貼胸沉肘上提，變逆纏走上弧線向左前方掤出，手心朝外，與耳同高；右手同步變順纏走下弧線裏合至小腹中線，指尖點於腹部，手心朝上，同時把右腳帶起向右橫跨一步，腳跟落地腳尖上翹，重心在左，目視右前方。

12-5-1   12-5-2

12-6 鬆沉左髖，盆骨右轉，右腳落地踏實。同

真傳課堂

雲手的訓練目的

12-6

時，右手順纏，指背貼胸沉肘上提至胸前，變逆纏走上弧線至右前方，與耳同高；左手同步順纏向裏走下弧線至小腹中線，手指點於腹部，同時將左腳帶回點於右腳旁。重心落於右腳，目視左前方。

【要點】

12-5與12-6兩個動作連續向右做三遍。

【關鍵】

手為主動、小臂為被動、大臂為不動。

點撥提高

雲手這個動作可以上下、左右、前後做，可以併步、叉步做，架子可以高也可以低，任憑習練者喜好。但是有幾點要注意。

●一是手的運動軌跡一定要走弧線，上升手儘量貼住胸部上升，變逆纏旋轉出去。

●二是手心手背交換，訓練小臂的尺骨橈骨旋轉。

●三是必須在保持「黃金三角」不變的狀態下訓練手的主動、小臂被動和大臂不動，其目的就是為了訓練手臂上的節節分家，促進關節韌性與靈動性。

●四是動作過程中手與腳要步調一致，輕重轉換要明確，提腳、出腳要力求輕靈。

錯誤糾正

●「雲手」要求力達四肢，輕重分明，切忌動作不圓潤、僵硬。不要只管住了手，丟了下肢的輕重。

●切忌兩腋夾角一大一小不對稱，如果出現一大一小的狀態，轉的一定是腰椎而沒有走「胯」。

●勁力要「含而不丟」，無時不在，要有球體感，胯和肘要同屈同伸，千萬不要全身鬆軟得像跳舞一樣。

訓練功課

1.「撐閥門」胯的轉換訓練，一左一右為1次，共做20次。

2. 基本功「手臂折疊」，20次為1組，共做4組。

3.「雲手」訓練20次。

4. 已學式子連起來打8遍。

第十三式　左右野馬分鬃

野馬分鬃

　　「左右野馬分鬃」主要是手上動作，以訓練大小臂的分家與手上的纏絲為主，動作較簡單，可分解為4個動作來完成教學。

　　13-1　（接上式）左腳落地踏實，同時右手順纏走下弧線至上腹部；左手指背貼胸，沉肘上升至胸前變逆纏外開走弧線。右手弧線走至右腿外側的同時，將右腿帶起向右前方45°踏出一步，腳跟落地腳尖上翹，重心在左，目視右前方。

13-1-1

13-1-2

【要點】

鎖肩頂肘，左手逆纏下按，右手順纏上掤，兩手與兩腳勁力相合。

【實戰法】

擒拿。若敵方一拳打來，我右手於敵方手臂外側接手，順勢走下弧線，使敵方的手臂呈反關節狀，左手按壓或擊打敵肘部，兩手一個合力傷敵肘關節。也可用左手接手後捋，右手抱敵肘部，同時提右腳踩蹬敵膝關節側面，使敵肘、膝部受傷。屬於掤捋擠按之勁。

【關鍵】

手為主動、小臂為被動、大臂為不動。

13-2 鬆沉左髖，盆骨右轉掤右膝，帶動身體左

13-2

野馬分鬃技擊法

轉。同時，右腳尖內扣落地踏實，右手順纏左手逆纏，分別向前後橫向掤出。右手在前手心朝上，左手在後手心朝下，重心在右，目視右前方。

【要點】

鎖肩頂肘，兩手配合兩腳逆纏裏合，兩手外分時有逆纏之意，上肢框架結構必須**剛性**。

【實戰法】

肩靠、肘靠。若敵方一拳打來，我用右手於敵方手臂外側接手，順勢下捋走下弧線交與左手，同時轉換重心，用肩靠敵胸部或用肘靠敵腋下，使敵跌出。屬於掤捋捌靠之勁。

【名詞】

剛性：指全身骨架結構在拮抗力的作用下達到的整體框架剛度。

13-3 鬆右髖，盆骨左轉掤左膝，帶動身體右轉。同時，右腳以腳跟為軸腳尖外擺180°，右手同步逆纏走上弧線，左手順纏走下弧線，相合於腹前，右手在上左手在下，掌心相對。重心在左，目視前方。

【要點】

重心轉換、轉身、腳尖外擺、兩手相合，這幾個動作要同步完成。

【實戰法】

敵方一拳打來，我用右手在敵臂內側接手，擺腳轉身配合右手逆纏下捋，同時出左手托在敵肘下方，兩手一個

13-3

合力折斷敵方手臂；也可使用左肘撞擊敵方肋部。屬於掤
捋擠靠採挒之勁。

【關鍵】

手為主動、小臂為被動、大臂為不動。

13-4 重心移至右腿，掤提左腳向左前方45°鏟出
一步，隨之盆骨左轉，帶動身體右轉。同時，右腳逆纏裏
合踏實，左手順纏右手逆纏，分別向前後橫向掤出。左手
在前手心在上，右手在後手心在下，目視左前方。

【要點】

鎖肩頂肘，兩手配合兩腳逆纏裏合，兩手外分時要有
逆纏之意。

13-4

【實戰法】

敵方一拳打來，我用右手在敵臂外側接手，同時左腳
上步，左手經敵方腋下穿於敵方胸前，將敵方肘關節外側
置於我左肩前，左右手與肩部形成一個外分合力，使敵方
肘部受傷並倒地。

如果用於打擊，可以肘擊敵腋下、肩靠或用左手擊打
敵頸部。屬於掤捋捌靠之勁。

【關鍵】

手為主動、小臂為被動、大臂為不動。

點撥提高

●做「左右野馬分鬃」動作時，要注意兩腳撐實、平
行，出腳角度為45°，轉身之後還是45°出腳。整個動作過

程中，要有膨脹的球體感，始終力達四肢，而且肘與手要有互動意識。

錯誤糾正

●訓練過程中，不可任由大臂帶動手上動作、肩臂斷開，上下肢不協調。兩手外分不可僅用手臂之力，沒有肢體框架意識。這些在習練拳架中都需要注意。

訓練功課

1.「擰閥門」胯的轉換訓練，一左一右為1次，共做20次。

2.基本功「手臂折疊」，20次為1組，共做4組。

3.「左右野馬分鬃」訓練20次。

4.已學式子連起來打8遍。

第十四式　雙推手

雙推手

「雙推手」動作與「六封四閉」接近，只是兩手推的方向不一樣，「六封四閉」向右下方推，而「雙推手」是向胸前方推。「雙推手」可分解為6個動作來完成教學。

14-1　（接上式）鬆沉左髖，盆骨右轉掤右膝，帶動身體向左轉。同時，左手逆纏右手順纏，分別走小圈變

14-1

雙推手技擊法一

拳，迅速向左側折腕彈抖，目視左前方。

【要點】

兩膝要掤，並與兩手勁力相呼應。

【實戰法】

當敵方抓住我兩手腕時，我用雙拳的彈抖勁掙脫對手。也可用於擒拿，如敵方抓住我右手，我右手走小圈反拿敵腕，左手在敵臂上方與右手同時用捌勁彈抖制敵於地。屬於彈抖捌勁。

【關鍵】

手為主動，小臂為被動，大臂為不動。

14-2 鬆沉右髖，盆骨左轉掤左膝，兩拳逆纏頂肘提腕收於胸前。隨之鬆左髖，盆骨右轉掤右膝，帶動身體

14-2

左轉。同時,兩拳順纏走上弧線向左前方捲腕掤出,重心偏右,目視左前方。

【要點】

左右兩拳逆纏收進與掤出時,雙拳帶動尺骨橈骨走了一個小圈,要將「胯」的公轉和小臂的自轉體現出來。同時注意肘胯同屈同伸。

【實戰法】

若敵方抓住我的雙臂或前胸,我左右手在敵手臂上走一個圈下壓,迫使敵跪倒之後,用捋勁擊打敵方面部,或雙拳貫耳。此招凶狠,慎用。屬於捋捌之勁。

【關鍵】

手為主動,小臂為被動,大臂為不動。

14-3　鬆右胯下沉，同時兩手順纏走下弧線，左拳拳背點於腹部，右拳向右走下弧線至右膝上方。同時左腳尖上翹外擺135°，腳尖與左膝相合，目視左前方。

【要點】

「黃金三角」不丟，身往下沉，頭往上領，左腿為虛不丟勁。

【實戰法】

敵方左拳向我打來，我用左手在敵方手臂外側接手順纏下捋。同時，右手穿於敵方手臂裏側，向上往外一個大捋，並轉身擺左腳配合，折斷敵方手臂，或者將敵由前向後凌空摔出。屬於掤捋之勁。

【關鍵】

手為主動、小臂為被動、大臂為不動。

14-3

14-4 鬆沉左髖，重心移於左腳落地踏實，左拳拳背點於腹部不變。同時，右手繼續順纏走上弧線至胸中線，拳心朝裏高與頷平，同步將右腳帶起掤提於右肘下方，肘膝相合，目視前方。

【要點】

左膝**下掤**找左腳尖，右腳腳後跟找右髖，左右兩腳形成上下對拉。

【實戰法】

敵方一拳打來，我用右手從敵外側接手，順勢下捋交於左手。同時，提膝擊打敵方小腹，或者用右手攻擊敵方咽喉。屬於掤捋之勁。

【名詞】

下掤：在拮抗力的作用下力量向下找。

14-4

雙推手技擊法二

14-5-1　　　　　　　　　　　　　14-5-2

14-5　　左胯下沉，右腳向右前方45°鏟出，腳跟落地，腳尖上翹與膝蓋相合。同時，兩拳變掌逆纏向左右分開，目視右前方。

【要點】

「黃金三角」不丟，兩手逆纏帶動尺骨橈骨，右腿為虛不丟勁。

【實戰法】

當敵方抓住我雙臂時，我用兩手逆纏左右分開下壓，即可解脫。也可用於摔法，兩手逆纏後拉，利用兩手輕重、上下之差的微妙技法摔敵於左或右。屬於掤捋開合之勁。

14-6　　鬆左髖下沉，盆骨右移掤右膝，帶動身體微左轉。同時，右腳尖內扣踏實，隨之身體微右轉，帶動胸

14-6

腰折疊。同時，兩手繼續逆纏走後弧線，經雙耳下方向右前方掤出，兩手拇指、食指在胸前相對。左腳走弧線跟進，點於右腳斜後方，重心落於右腿，目視前方。

【要點】

鬆左髖下沉時，重心右移、右腳踏實、兩手逆纏、胸腰折疊，動作一氣呵成。

【實戰法】

若敵用雙手抓住我雙臂，我兩手逆纏走一個上弧線並裏合下採，使敵跌於我左側。若敵方一拳打來，我雙手逆纏下採攔截來拳，並迅速用雙掌擊打敵方。也可以肩靠，敵一拳打來，我用左手接手後捋，同時進步肩靠。屬於掤捋採挒之勁。

【關鍵】

手為主動、小臂為被動、大臂為不動。

點撥提高

●傳統太極拳架中，一般由正面轉側面時，右手通常是變掌走下弧線大捋。而在這招「雙推手」中，則結合了「白猿獻果」的動作在裏面。

●「雙推手」和「六封四閉」有點像，六封四閉是在右邊，雙推手是在胸前。兩個動作的要領也差不多，同樣是訓練手臂的主動、被動與不動，訓練尺骨橈骨的旋轉和靈活度，目的是為了替代「肩」關節的活動。手臂上的變化都是尺骨橈骨的旋轉所帶來的，當你在近身格鬥時，尺骨橈骨的旋轉會帶來巨大的方便，所以稱尺骨橈骨的旋轉為「術之重器」。

掤提

膝蓋上提

錯誤糾正

●這個動作不要晃動太多，在手往上帶腳的時候，腳是掤提，而不是膝蓋往上提。手推出去之前不要扭腰。

●「黃金三角」不鬆動，兩手逆纏帶動小臂尺骨橈骨推出去時，手掌上的合勁已經貫穿，不存在肩、肘、手這樣的順序發力。

訓練功課

1.「摀閥門」胯的轉換訓練，一左一右為1次，共做20次。

2.基本功「手臂折疊」，20次為1組，共做4組。

3.「雙推手」訓練20次。

4.已學式子連起來打8遍。

第十五式　三換掌

三換掌

「三換掌」是太極拳中的經典連擊招法，類似「三換掌」的招法在其他拳種中也經常出現，是中國傳統武術的精華。「三換掌」可分解為3個動作來完成教學。

15-1　（接上式）鬆沉右髖，盆骨左轉掤右膝，帶動身體右轉。同時，兩手順纏在胸前相合，右手中指點於

左手腕內側的尺骨與橈骨之間，兩手心向上。左腳尖點地
不變，重心在右，目視前方。

【要點】

這是一個特定動作，在重心不變的狀態下，鬆沉右髖
掤右膝，盆骨左轉與左腳尖轉換相呼應。「黃金三角」保
持不變，兩手、右髖和左腳趾三者勁力相通。

【實戰法】

敵方一拳打來，我用右手從內側接手逆纏向下捋，同
時左手托住敵方肘部順纏向上，兩手一個合力折斷敵方手
臂。屬於捋挒之勁。

【關鍵】

手為主動，小臂為被動，大臂為不動。

15-2　鬆沉左髖，盆骨右轉掤右膝，帶動身體左轉。同時，右手逆纏走左弧線向前掤出；左手順纏走右弧線經右肘下方，中指回點於腹前，手心朝上。左腳尖點地不變，重心在右，目視前方。

【要點】

右掌擊出時，身體不要隨之前傾，兩手有對拉之意，並與兩腳勁力相呼應。

【實戰法】

敵方一拳向我打來，我用左手在敵手臂外側接手下捋，同時右手用迎面掌擊打敵方面部。另外，「三換掌」盆骨左右轉動是從背後被抱住時解脫所用。屬於捋捌之勁。

【關鍵】

手為主動，小臂為被動，大臂為不動。

15-2

15-3 鬆沉右髖掤右膝，盆骨左轉帶動身體右轉。同時，右手順纏走下弧線經左手肘下方，中指尖回點於腹前；左手逆纏，沉肘貼胸提腕至下頜，由裏折腕變為外折腕的同時向前掤出，手心向前。左腳尖點地配合「胯的轉換」，重心在右，目視前方。

【要點】

兩手不僅要有對拉之意，也須與兩肘勁力相呼應，兩手兩腳必須產生拮抗力（二爭力）。

【實戰法】

敵方右拳向我打來，我用右手在敵手臂內側接手下捋，同時左手用掌根打擊敵方下頜。若敵方正面抱住我，我用左肘頂敵方胸部並縮胸提左腕掙脫，變外折腕用掌根打擊敵方下頜。屬於捋捌之勁。

15-3

三換掌技擊法

【關鍵】

手為主動，小臂為被動，大臂為不動。

點撥提高

●「三換掌」的動作精髓就在於轉體與手腕，左右轉體是訓練盆骨的左右轉動，是為在被敵抱住的被動狀況下解脫所用。手上動作要再次強調：手為主動，小臂被動，大臂不動。

●之前說過，實腿從內勁上來說是虛的，虛腿的內勁是實的，要記住「虛腿實也，實腿虛也」，這僅指內勁。

●「三換掌」要注意腋下夾角，「黃金三角」保持不變。

錯誤糾正

●習練「三換掌」的時候，要注意「黃金三角」不要「癟掉」，切忌扭腰，同時要充分反映出手臂上的主動、被動和不動，力求周身協調。

訓練功課

1.「擰閥門」胯的轉換訓練，一左一右為1次，共做20次。

2. 基本功「手臂折疊」，20次為1組，共做4組。

3.「三換掌」動作訓練20次。

4. 已學式子連起來打8遍。

第十六式　肘底錘

肘底錘

「肘底錘」招式簡單，可分解為2個動作來完成教學。

16-1　（接上式）鬆沉左髖，盆骨右轉掤右膝，帶動身體左轉。同時，右手在腹前逆纏使虎口貼胸，沉肘提起，左手逆纏帶動尺骨橈骨走下弧線到左腿外側。左腳點地，重心在右，目視前方。

【要點】

鎖肩頂肘，右肘與左手勁力對拔，右手指與右肘勁力呼應。

16-1

【實戰法】

敵一拳擊來，我用左手接手下捋，同時右肘尖擊打敵胸部或腋下。也可用於摔法，若敵方抓住我胸部，我右手在敵手臂下方上提，左手在敵手臂上方下壓，兩手勁力一合，配以身向左轉，將敵摔於左側。屬於掤捋擠按肘靠之勁。

【關鍵】

手為主動，小臂為被動，大臂為不動。

16-2 　鬆右胯下沉，盆骨微左轉掤左膝，帶動身體右轉。同時，右手順纏外開，向右前方走下弧線變拳，找左肘底相合；左手同步逆纏外開，變順逆走上弧線至左膝上方，左肘尖與右拳眼相合。左

肘底錘技擊法

16-2-1　　　　　　　　　16-2-2

腳點地，重心在右，目視前方。

【要點】

兩手要有對拉膨脹意識，與腳趾勁力呼應，左肘與右拳有上下左右相合之意。

【實戰法】

敵方一拳打來，我用左手從內側接手下捋，同時右手從敵右肩穿出順纏夾住敵方脖子，走下弧線與左手一個合力。此招慎用。

點撥提高

●注意膨脹意識，周身要有球體感。

錯誤糾正

●右手弧線下捋變拳，不要在腰間變拳完畢再伸出去放到左肘底下，這樣手上的勁就容易與身體斷開。

●左肘與右拳不僅要有**外頂內捲**的拮抗力(二爭力)，還要與左手有相合之意，與兩腳呼應，這樣才會產生球體感。

【名詞】

外頂內捲：在固定關節更固定的基礎上產生的拮抗力動作。

訓練功課

1.「擰閥門」胯的轉換訓練，一左一右為1次，共做20次。

2.基本功「手臂折疊」，20次為1組，共做3組。

3.「肘底錘」動作訓練20次。

4.已學式子連起來打8遍。

【訓練要求】

以「節節分家和節節貫穿」為訓練準則，以訓練關節為主，必須具備主動、被動和不動的意識。在訓練過程中就要把手的主動、小臂被動、大臂不動都反映出來，上下肢體的轉動要用「胯」去連接。

真傳課堂

訓練問診

掤勁運用

1.什麼是掤勁，當遇到力大的對手，是先掤住再化，還是直接化勁？

答：「節節分家與節節貫穿」是太極拳的特點，說白了，就是拆開重組肢體結構。我認為「掤」其實應該寫成「棚」。掤不應該是勁，應該是肢體的框架結構，在這個框架結構的基礎上所產生的各方向拮抗力，被稱為掤、捋、擠、按、採、挒、肘、靠八個勁別。所以，遇到的對手不論力大力小，框架不能沒有，自己的肢體結構不能變形，肢體結構不變形就是掤。敵方來力先與之掤住以製造平衡，接下來就設法破壞平衡，這就是化的過程。

　　但在實戰中，敵方來力的大小、速度、方向不同，均需臨場的隨機應變。只有一點可以確認，雙方必須有接觸，至於接觸時力大力小，是掤，是引，還是掤中帶化，這些均需在雙方肢體有接觸的情況下應變。在訓練中必須先掤住敵方來力，在此基礎上展開一切技術性的變化。當然，這只是一橫一豎的基礎訓練過程，等以後熟能生巧，掤可以在接手的過程中隨時完成，搭手就直接引化了。千萬不要在技術不熟練的情況下就盲目追求引進落空，這會對技術的掌握與提高造成負面影響。

　　我們都知道，三角形是最牢固的結構，所以我們的肢體結構也是按三節進化的。掤住的著力點可分為三處：膝、股骨、肘。這個三角的力量互相貫穿，別人就不容易推動你了。

2. 何為「大三節」？怎樣做到「節節分家與節節貫穿」？

　　答：我聽到、看到一些太極拳習練者，練太極拳傷了膝蓋及腰椎，我就一直思考，太極拳這門具有健身與技擊雙重功效的傳統武術，是不應該產生這種副作用的，一定是有訓練方法的誤區，我得去找到它，改進它。直到2010年，我與國家體育總局體育科學研究所的專家們一起拍攝了太極拳揭秘節目《最高境界格鬥術》，用當時世界上最先進的科學儀器，測試各種拳種的運動特性後，終於找到病因所在。經由近6年的教學實踐，我正式對外提倡肢體結構運動「大三節」理論，並漸漸形成獨特的太極

拳訓練體系，其最大的特點就是強調太極拳架中肢體的上下折疊，而非左右搖晃。

手上三節與腿上三節，我稱為「小三節」。小三節是為各部位的「弓」服務的，如腿弓、手弓、身弓。大三節是：胯以下到腳為一節，胯以上到肘為一節，肘到手指為一節。大三節是為整個肢體結構運動的拆分與組合服務的。大、小三節構成了肢體的分家與貫穿，由內在的勁力把全身各部整合起來。所以練拳必須有開合，之後分家與貫穿也就明白了。

3. 大臂與小臂的夾角成多少度，打擊力和承受力最強？

答：理論上是135°。110°到135°是小臂力量的最佳作用範圍，當小於110°的時候，小臂力量就變小了，這個時候就要頂肘，頂肘的目的就是要發揮大臂的力量。然而，這個角度不是我決定的，是在實戰中敵我雙方決定的。所以實戰中要有手、小臂、大臂的貫穿意識，這裏力量小了，就換另一種方式。

4. 拳架訓練中，大腿與小腿彎曲的夾角多少度合適？

答：大於90°小於180°。太極拳拳架訓練中腿沒有完全伸直的，即使形直了，內在勁力的意也是弧線的。腿上的功力訓練是個「拉」的過程，想像著你的大小腿是折尺，膝蓋是折尺的固定點，這個折尺是「生鏽」的，不靈活的，要用點力蹲下去，用點力站起來，腳、膝、胯要相

互產生一種內在的阻力。這樣的意識融在拳架訓練中，是為了膝關節的固定不搖晃，而膝關節的固定是腳上拮抗力（爭力）的基礎。

真傳課堂

5. 什麼是公轉，什麼是自轉？

答：簡單而言，以關節為圓心的運轉叫公轉。比如說，大臂不動，以肘關節為圓心，小臂畫一個圈，或者以髖關節為圓心轉動上半身，以肩關節為圓心轉動大小臂等，都為公轉。肢體中非關節的轉動稱為自轉，比如小臂的尺骨、橈骨轉動，小腿的脛骨、腓骨轉動，包括手指的順逆纏，都是自轉。在行拳走架過程中，公轉與自轉是並存的。

公轉與自轉

6. 分家與貫穿在拳架中如何體現？

答：太極拳是一個剛柔相濟的拳術，節節貫穿的目的是達成整體的剛度，節節分家的目的是訓練關節靈活、運動範圍及關節力矩，是速度與內合力的基礎。在貫穿中分家，就是剛柔相濟。分家不是鬆懈，鬆懈就不存在貫穿，分家必須建立在貫穿的基礎上，動作中必須要有主動、被動與不動的意識。

7. 什麼是「拙力」，太極拳為什麼要求去除「拙力」？

答：所謂「拙力」通常有三個含義：一是完全靠肌肉收縮的力量發力；二是發力過程中整個身體像一塊「門

板」，力量是單一的；三是肢體結構沒有「分家」而構不成攻防的力量分配體系。

在人的本能行為習慣中，受到侵犯時會使出全部力量去抵抗。如果一味地進攻或一味地防守（我指的是內在力量的分配上，不是指招式上），就容易把痹點暴露出來。自身沒有形成一個攻與防的力量分配體系，這種練武可以說是失敗的。

太極拳的發力特點是多點多方向的，發力時肌肉不是收縮而是放長的，發力瞬間各肢體結構在拮抗力（爭力）的作用下，產生多點多方向的「至剛」框架與內在勁力，時而貫穿時而分家以求攻防兼備的技藝。一部分力量保留在體內是防守用的，一部分力量是攻擊用的，這樣的攻防力量分配體系才是練武的核心目的。

要達到自身力量的攻防分配，就必須基於肢體結構的「節節分家」，「分家」就是太極拳的鬆。一切訓練中的「拉緊」都是為了「分家」，飄逸無力的放鬆是永遠去除不了「拙力」的。

用「拙力」去格鬥時，靠全身肌肉的收縮，盡力去打擊某一個點，這種方式對體能的消耗是很大的。太極拳訓練去除「拙力」，就是為了增強對抗的同時又保存體能。我的手是打出去了，但肢體框架不會跟過去，因為我的肢體結構是用來保持平衡的，能保持平衡就做到了防守。用這樣的方式對抗，既有打擊也有防守，力量上使用了骨架的傳力、扭力和拮抗力組合而成的「複合力」，不僅大大減少了體能的消耗，也為技法的轉換提供了可持續性。這

也是太極拳四兩撥千斤的道理之一。

8. 在實戰時是否可以按訓練的拳架去使用？

答：首先回答是當然可以。但從細節上講，拳架與實用是個矛盾體。有句話叫「看山是山，看山不是山，看山還是山」，要想自然、放鬆、回歸本能，肯定得從非本能的訓練中來。「看山不是山」，目的就是達到「看山還是山」的境界。

以捲腕為例，為了肩臂合一，要求鎖住肩關節，但這僅是一個訓練過程，是為了以後放鬆狀態下能瞬間一個意念就達到肩臂合一。再比如訓練拳架時要保持「黃金三角」，但在使用的時候並不是一直保持「黃金三角」不變與人進行對抗或格鬥。對抗時肢體是回歸本能的，是放鬆的，但因為經過了固化訓練，在你需要「黃金三角」時只需一個意念就瞬間達成了。

所以，拳架是訓練的手段，實用是建立在平時訓練基礎上的放鬆與技術意念，它們既是一回事又是兩回事。拳架訓練是為了熟練招式技法，培養功力和使用記憶，但在實用上只在一個「哼哈」之間罷了。

腳上的功夫胯上練

　　「腳」是武術之根本，立地生根是所有習武者的追求。如果說「腦」是施展武術的指揮者，那麼「腳」就是武器庫，「手」是武技的實施者，要提高武術技藝，三者缺一不可。

肘胯同屈同伸

腳是練武最重要的部位，是武力的發源地，也是構成身弓的三個重點之一（另兩個點是胯和肘）。「腳上的功夫胯上練」的訓練載體是「肘胯同屈同伸」，武術的外在形式無非就是肢體的折疊與旋轉。因為經過「胯」的訓練，已經把肢體橫向旋轉的骨扭力整合起來了，本章我們就借用對腳的訓練，把肢體的上下折疊整合起來。

基本功：同屈同伸

1. 上肢保持「黃金三角」，脊椎挺直，尾閭微泛，命門內收，含胸拔背，頭往上領，目光平視。

2. 兩腳腳趾抓地，帶動小腿雙逆纏裏合，兩髖外撐，兩膝定位，用雙腳的內在勁力把整個身子拉下去，使兩髖關節與兩膝關節被迫折疊。同時，兩小臂沉肘提腕，身體上拔，肘腕勁力與雙腳下拉勁力形成抗力。隨之，身體略左轉，盆骨微微右移，形成肘胯同屈狀。這一次屈膝是以腳為主，手為抗。

3. 接上式，勁從兩肘經小臂傳送至兩腕，由內折腕下按轉為外折腕，按下去的同時把兩髖關節與兩膝關節被動

拉直,而雙腳逆纏裏合,似乎不情願髖關節與膝關節被拉直,與兩手下按形成抗力。隨之,身體略右轉,盆骨微微左移,形成肘胯同伸狀。這一次伸直是以手為主,腳為抗。

【要點】

兩小腿儘量不要前後左右晃動,意在腳膝拮抗力(二爭力)上。另外,因訓練不當已經產生膝蓋疼痛的太極拳愛好者們,用此訓練方法不僅可以得到腳上功力,還能恢復膝傷。

【作用】

「腳」是武術之根本,立地生根是所有習武者的追

求。如果說「腦」是施展武術的指揮者，那麼「腳」就是武器庫，「手」是武技的實施者，要提高武術技藝，三者缺一不可。

「腳」的訓練對健身養生有哪些好處呢？從腿腳上來講，傳統中醫有六條經絡，脾經、胃經、肝經、膽經、腎經、膀胱經，都從腿腳上經過。腿腳上有很多重要的穴位，對於調理內臟具有關鍵的針灸臨床意義。

我們透過大小腿的順纏、逆纏、折疊、對拉訓練，不僅使腳有了「根」，還拉伸了腿腳上的六條經絡，有助於改善現代生活造成的很多亞健康問題。

招式訓練

在本書前文中，我們分別以「黃金三角」、胯的轉換、「主動、被動、不動」為訓練目標，其實已經達到了鍛鍊身體的目的，頸椎與腰椎上的病痛，由這三步訓練已經可以得到緩解與恢復了。太極拳畢竟是一門武術，做到「立地生根」才是武術的門檻與武力的源頭。「腳上的功夫胯上練」的邏輯，是因為有了「胯的獨立旋轉」，就不會影響「小腿與腳的固定」，小腿與腳的任務就是踏實地面，不受身體左右轉動的影響。所以要求「盆骨在髖關節上轉換」，牽動大腿被動，只因為有了大腿的被動，才能確保「小腿與腳的不動」，從而使之專注於「立地生根」。

第十七式　倒捲肱

倒捲肱

　　第十七式「倒捲肱」動作略複雜，為了容易掌握，可分解為6個動作來完成教學。

17-1　（接上式）右腳逆纏，帶動右胯下沉，同時

17-1-1

17-1-2

左手順纏走一個小圈。隨之，左腳腳趾逆纏內扣走弧線後撤一步，同時右手沉肘提腕，在胸前與左臂交叉，接著兩手逆纏，右手向前左手向後同步掤出。右手在右膝上方，左手置於左腿外側，重心偏於左腿，目視前方。

【要點】

走小圈時要注意手上的「主動、被動、不動」。左腳內扣走弧線後撤時，右腿須鬆胯下沉與之配合，兩手與左腳同步到位。

【實戰法】

敵方右拳向我打來，我用左手從外側接手下将，同時右掌拍擊敵方面部。屬於将捌之勁。

17－2 鬆沉左髖，盆骨右轉帶動身體左轉。同時，

倒捲肱技擊法

17-2

兩手逆纏外開走上弧線至與肩同高，右腳尖內擺45°踏實。隨之鬆沉右髖，盆骨左轉掤左膝，帶動身體右轉，同時兩手變順纏走弧線合於胸前一線，右手在前左手在後，重心偏左，目視前方。

【要點】

兩手逆纏外開走上弧線，是被沉肘「翹」起來的，肘與手勁力呼應，兩手相合時要有前後相搓之意。

【實戰法】

左右合勁，常用於斷臂手法。如果說「三換掌」是正面還擊，「倒捲肱」則是後退中還擊。敵方左拳向我打來，我用左手在敵臂內側接手，同時右手拍擊敵肘部，傷敵肘關節。屬於掤捋開合之勁。

【關鍵】

肘胯同屈同伸。

17-3　左胯下沉，右腳腳尖內扣走弧線後撤一步，同時兩手在胸前交叉，左手在右臂上方逆纏，向前在左膝上方弧線掤出，右手在左肘下方逆纏，向左弧線按至右腿外側。重心偏右，目視前方。

【要點】

右腳內扣弧線後撤，要與鬆左胯配合，兩腳須有一上一下的勁力呼應，右腳勾拉之勁源自左腳的逆纏勁力。

【實戰法】

敵出右拳攻擊，我用右手從敵臂外側接手下捋，同時左掌與敵迎面「對撞」。也可以使用別腳摔法，我用右腳

勾住敵右腳後跟拉至左腳邊，身體一沉或右腿一跪使敵倒於地上。屬於捋挒開合之勁。

17-4 鬆沉右髖，重心移於右腿，身向右轉。同時，兩手逆纏外開走上弧線至與肩同高，左腳尖同步內擺45°踏實。隨之鬆沉左髖，盆骨右轉掤右膝，帶動身體左轉，同時兩手變順纏走弧線合於胸前一線，左手在前右手在後，重心偏右，目視前方。

【要點】

兩手逆纏外開走上弧線，是被沉肘「翹」起來的，肘與手勁力呼應，兩手相合時有前後相搓之意。

【實戰法】

除了斷臂法，此招也可用於打擊。敵方右拳向我打來，我用右手在敵臂外側接手，撤步後捋，同時左手放於

17–4

敵腦後，右手瞬間用捌勁掌擊敵下頜。死招慎用。屬於将捌之勁。

【關鍵】

肘胯同屈同伸。

17–5 右腳踏實鬆胯下沉，左腳腳趾逆纏內扣，走弧線後撤一步。同時，右手沉肘提腕在胸前與左臂交叉，隨後逆纏在右膝上方掤出；左手同步逆纏，向右經右肘下方弧線按至左腿外側。重心偏左，目視前方。

【要點】

左腳內扣弧線後撤時，右腿須鬆胯下沉與之配合，兩手與左腳同步到位。

17-5

【實戰法】

此招也可用於解脫中反擊。敵方右手抓住我前胸衣服不放，我用左手在敵大臂上逆纏弧線下壓，右手在敵小臂下方逆纏弧線上滾，兩手一個合力，在解脫的同時用手掌擊敵面門。屬於纏絲捌勁。

17-6 鬆沉左髖，重心移於左腿，身向左轉。同時，兩手逆纏外開走上弧線至與肩同高，右腳尖同步內擺45°踏實。隨之鬆右髖，盆骨左轉掤左膝，帶動身體右轉，同時兩手變順纏走弧線合於胸前一線，右手在前左手在後，重心在左，目視前方。

【要點】

兩手與兩腳勁力呼應，用右腳的逆纏勁力拉動盆骨左

17-6

轉。

【實戰法】

兩手相合在武術上基本都是擒拿或合力手法，不再一一例舉。

點撥提高

●「倒捲肱」是太極拳中唯一在撤退中還擊的招法，不僅在格鬥上是非常凶狠實用的招法，在健身層面也大有益處。

●腳尖裏扣後撤一步時，既可以說是腳尖畫弧也可以說是三角步。退步時要勾腳尖，去勾的一隻腳只是工具，實際是另一隻腳用的勁把對方勾過來的。

●發力方面，既可以訓練手掌向前發力，又可以訓練

肘尖往後發力。

錯誤糾正

●沉肘的時候，前腳尖要裏扣，與後腳尖平行。注意別忘了。

●兩手合在胸前，想像是敵方的手打過來的高度，不能太低。

訓練功課

1.基本功「手臂折疊」，20次為1組，共做4組。

2.基本功「肘胯同屈同伸」，左右為1次，20次為1組，共做4組。

3.「倒捲肱」動作訓練20次。

4.已學式子連起來打6遍。

第十八式　退步壓肘

退步壓肘

第十八式「退步壓肘」，可分解為3個動作來完成教學。

18-1　（接上式）鬆左胯下沉，同時兩手沉肘提腕，向右前方走一個小圈。隨後右手順纏走下弧線與左小臂相合，同時左手逆纏裏折腕，帶動小臂外掤與右手相

18-1-1

俯視圖

18-1-2

合。右腳隨右手走下弧線時同步後撤，點於左腳旁，重心
在右，目視前方。

【要點】

左腳趾逆纏的勁力拉動了右腳的後撤，右腳後撤時要
有腳趾摳地的意識，左小臂與右手要有相合的意識。

【實戰法】

敵方一拳打來，我兩手接敵臂，順勢一個下採使敵失
去重心的瞬間，右手抱敵頭頸一側，左手變橫肘擊打敵頭
部另一側。也可用於擒拿，我右手從敵臂外側接手下捋，
同時用左肘下壓敵肘部制服敵方。屬於捋捌採靠之勁。

【關鍵】

肘胯同屈同伸。

18-2 左手在胸前沉肘提腕，由裏折腕變為外折腕，同時逆纏前掤；右手變爪走弧線至右胸前，同時右腳弧線後撤一步震腳，重心偏右，目視前方。

【要點】

左手前掤、右手回抓、撤步震腳同步完成，兩手兩腳勁力相合。

【實戰法】

敵方一拳打來，我用右手從敵臂外側接手，回拉的同時左掌打擊敵方右側面部。也可用於解脫，若敵方抓住我左手，我用右手抓住敵方手腕後拉，左手打敵腋下。屬於通臂之勁。

退步壓肘技擊法一

18-2背

18-2正

18-3 鬆沉右胯搠右膝,身體隨之左轉。左手逆纏回收,中指尖點於右胸前,手心朝外;同時右爪變拳,向右側後方撩出,重心偏右,兩腳踏實,目視右後方。

【要點】

兩手收進打出時要鎖肩頂肘,身向左轉,拳往右打,形成左右對拉。通臂勁要到位,兩腳要往地下插。

【實戰法】

常用的手上技法,用撩擊破壞敵人的視線。也可作為連擊法,右手抓住敵方右手,用左手打擊敵右脅,隨即轉為左手抓住敵方右臂,用右拳擊打敵面部或頸部。屬於通臂彈抖之勁。

退步壓肘技擊法二

18-3背　　　　　　　　　18-3正

訓練功課

1. 基本功「手臂折疊」，20次為1組，共做4組。

2. 基本功「肘胯同屈同伸」，左右為1次，20次為1組，共做4組。

3.「退步壓肘」動作訓練20次。

4. 已學式子連起來打6遍。

第十九式　中　盤

中盤

第十九式「中盤」，是在太極拳法中典型的捋捌之勁的組合招式，可分解為2個動作來完成教學。

19-1　（接上式）鬆沉右髖，盆骨左轉掤兩膝，同時右拳逆纏打開變爪，向前走下弧線至小腹前；隨之左手指尖順纏裏合變爪，向左走下弧線至左膝前方。兩腳逆纏裏合，重心六成在右，目視左前方。

【要點】

鬆沉右髖轉換重心時，右膝與右腳尖要有相合之意，右膝不能因重心的左移而隨之移動。兩膝前掤要有被腳拉下去的意識。

19-1-1

19-1-2

【實戰法】

這是一個向下採捋的動作，兩手抓住敵方手臂一個採勁，使敵方跌倒或受傷。屬於採捋之勁。

19-2 身體繼續下沉，兩手同步逆纏回抓經過腹

19-2-1

19-2-2

前，向裏折腕成拳，同時掤提右膝，
雙拳向左前方弧線掤出，目視前方。

中盤技擊法

【要點】

兩手前掤與右腿掤提同步完成，
左右腳要有上下對拉之意，大小臂要有前後對拉之意。

【實戰法】

敵方一拳打來，我用雙手在敵方手臂外側接手，抓住
敵臂向右後捋，突然鬆手，用挒勁向敵方面部擊打，同時
提膝撞擊敵腹部。

點撥提高

●太極拳的捋和　如何區分？簡單來講，往下走半個
圓是捋，往上走半個圓是挒，捋挒兩個勁是一個完整的圓
圈。捋是化，挒是打。中盤是典型的捋、挒技法組合運
用，就是化打合一。

●太極拳往往是在防守中反擊，發力線路一定是弧線
的，沒有直線的。尺骨、橈骨的運轉，其實就是化與打的
結合，是一種整合的打擊。

錯誤糾正

●捋的時候要注意大臂不能動，在捋、　的過程中不
要忘了手臂的自轉，向前打出時不要用大臂推小臂走直
線，而是小臂滾動出去，兩手要往裏捲。打出的拳既有拳
與肘內捲的力，又有尺骨橈骨滾動的力和拳頭前掤的力，
這就形成了一個複合力。

> **訓練功課**
>
> 　1. 基本功「手臂折疊」，20次為1組，共做4組。
> 　2. 基本功「肘胯同屈同伸」，左右為1次，20次為1組，共做4組。
> 　3.「中盤」動作訓練20次。
> 　4. 已學式子連起來打6遍。

第二十式　指襠錘

指襠錘

　第二十式「指襠錘」，可分解為8個動作來完成教學。

　20-1　在「中盤」定勢基礎上，鬆左胯下沉，右腳尖向右外擺90°震腳落地。同時，左拳逆纏下插至小腹前，右拳逆纏變掌虎口壓於左腕之上。隨之掤提左腳向左橫開一步，鬆沉右髖，盆骨左轉掤左膝，帶動身體微右轉。同時，左腳跟落地內扣裏合，兩腳逆纏踏實，重心偏左，目視左方。

　【要點】

　震腳與兩手相抱、兩臂外掤相呼應，形成一種開中有合的勁力。

20-1背

20-1正

【實戰法】

抱拳下插用於技擊,可以理解為一手從外向裏,一手從裏向外的合力打擊。也是一種下採手法,若敵雙掌推我胸部或抓住我一臂、兩臂時,均可用下採法破之。屬於採捌之勁。

【關鍵】

兩腳逆纏踏實,肘胯同屈同伸。

20-2 鬆沉左髖,盆骨右轉掤兩膝,帶動身體微左轉。同時,兩手逆纏提腕變拳,再順纏外開向左右兩側彈抖。重心偏右,目視左前方。

【要點】

兩腳逆纏拉動轉胯,配合兩手腕走圈,迅速向身體兩側發力。這裏既有兩腳下拉之力、盆骨右轉的扭力,又有

尺骨橈骨的滾動力和大小臂的拮抗力
（二爭力），四股勁力瞬間構成複合
之勁。

指襠錘技擊法一

【實戰法】

此招是太極彈抖勁的訓練方式，在技擊上多用於解脫
與近距離打擊。

【關鍵】

兩腳逆纏踏實，肘胯同屈同伸。

20–3 鬆沉右髖，盆骨左轉掤左膝，帶動身體右
轉。同時，兩拳逆纏上捲裏合，在腹前相交下插，掤提右
腳外擺180°震腳落地，目視右前方。

【要點】

鬆胯下沉與兩拳上捲，震腳與下插，均要有上下對拔
意識。

【實戰法】

採法。若敵方一拳向我打來，我用右手接手，左臂放敵臂上方，同時右腳外擺，兩手合力下採，使敵跌倒。屬於採挒之勁。

【關鍵】

肘胯同凹屈同伸。

20-4 鬆沉右胯，掤提左腳向左橫開一步，腳跟落

20-4背

20-4正

地內扣裏合踏實，兩腳尖平行。隨之鬆右髖，盆骨左轉掤左膝，重心偏左，目視正前方。

【要點】

重心左移後，兩膝掤住，兩腳有插入地下之意。

【實戰法】

靠法。若敵一拳打來，我用雙手接手下捋，同時進步肩靠或肘靠。屬於掤捋擠靠之勁。

20-5　鬆沉左髖，盆骨右轉，身體微向左轉。同時，兩手逆纏提腕變拳，再順纏外開向左右兩側彈抖。重心偏右，目視左前方。

【要點】

鎖肩頂肘，兩膝掤住，兩拳帶動尺骨橈骨發力，兩腳逆纏拉動轉胯，力從腳生。

20-5

【實戰法】

敵抓住我一臂或兩臂，我一個彈抖解脫轉為攻擊；也可用於下採與近距離打擊。屬於彈抖冷勁。

【關鍵】

肘胯同屈同伸。

20-6 鬆沉右髖，盆骨左轉掤左膝，帶動身體隨之右轉。同時，兩拳逆纏沉肘提腕弧線回收至胸前，重心偏左，目視左前方。

【要點】

重心落於左腳時，用力掤住雙膝，左膝在前右膝在後，左膝低於右膝。兩腳逆纏插地，與兩手上提成對拉之勢。

20-6

【實戰法】

主要訓練上下、左右、前後之合勁。

20-7 鬆沉左髖，盆骨右移轉右膝，帶動身體隨之左轉。同時，兩拳順纏走上弧線向前方掤出，重心偏右，目視前方。

【要點】

兩腳有插地之意，與兩手前掤勁力呼應，固定關節更固定。

【實戰法】

敵方一拳向我打來，我用雙手接住敵方手臂下捋，瞬間用捌勁「撞擊」敵方頭部。屬於捋捌之勁。

20-7

20-8 鬆沉右髖，盆骨左轉掤左膝，身體隨之右轉。同時，雙拳順纏走下弧線，左拳拳面貼於腹前。隨之，鬆沉左髖，盆骨右轉掤右膝，帶動身體隨之左轉。同時，右拳變逆纏向前下方掤出，重心六成在右，目視前方。

【要點】

兩拳順纏走下弧時，要注意「黃金三角」保持不變，右拳沉肘捲腕逆纏向前下方打出。

【實戰法】

敵方抓住我雙肩或手臂時，我左手在敵手臂上方弧線後捋，同時右拳沉肘逆纏捲腕，弧線擊打敵方胸腹部，打擊方式要有「對撞」之意。屬於掤捋採挒之勁。

20-8

指襠錘技擊法二

【關鍵】

在上下折疊中要有「肘等於是胯，胯等於是肘」的意識。

點撥提高

●整個動作都要把意念放在兩腳上，身上的動作變化與勁力變化，均來自兩腳的合勁，也就是俗稱的「襠勁」。

錯誤糾正

●動作不能僵硬或鬆散，切忌上動下不動、下動上不動。肘胯同屈同伸的訓練目的就是把上下肢體串起來。如果你的拳架左右晃動，那麼你的上下肢體勁力就沒有接通，或者有「拙力」存在。

訓練功課

1. 基本功「手臂折疊」，20次為1組，共做4組。

2. 基本功「肘胯同屈同伸」，左右為1次，20次為1組，共做4組。

3. 「指襠錘」動作訓練20次。

4. 已學式子連起來打6遍。

第二十一式　雙震腳

雙震腳

第二十一式「雙震腳」，可分解為4個動作來完成教學。

21-1　（接上式）鬆沉右髖，盆骨左轉掤左膝，身體隨之右轉。同時，右拳逆纏沉肘提腕至胸前，左手逆纏下插至左腿後側。重心偏左，目視右前方。

【要點】

「黃金三角」不變，鎖肩頂肘，兩膝掤住，兩拳逆纏帶動尺骨橈骨旋轉。

【實戰法】

若敵從左前方向我打擊，我用右手從敵方手臂內側接手回拉，同時左手逆纏打擊敵方肝肋部。屬於捋捌通臂之勁。

21-1

【關鍵】

右腳逆纏拉動盆骨左轉，肘胯同屈。

21-2 鬆左胯下沉，同時身向右轉。隨之，左拳順纏走上弧線裏合至胸前，拳心朝裏，同時掤提右腳，右拳順纏翻腕弧線下壓在右大腿外側，目視前方。

【要點】

右腳掤提與左腳有對拉意識。左拳上提與右拳下壓，要有開中有合的意識。

【實戰法】

若敵方抓住我雙臂，我用右手下壓敵方左臂，左手上挑敵方右臂，使敵方失去平衡前撲，同時提右膝撞擊敵方左肋或頭部。屬掤捋採挒之勁。

【關鍵】

左腳逆纏拉動左胯下沉，肘胯同屈同伸。

雙震腳技擊法一

21-2-1　21-2-2

21-3　鬆沉左胯，右腳落地點於前方。隨之，兩拳順纏變掌走外弧線至胸前托起，右手在前左手在後，目視前方。

【要點】

要注意手上的主動、被動與不動，右腳「虛腳不虛」。

【實戰法】

若敵方抓住我手臂或前胸，我用兩手順纏合抱敵手臂沉肘上掤，傷敵肘關節。屬於掤捋之勁。

21-3

【關鍵】

肘胯同屈同伸。

21-4 兩手逆纏翻掌下按,隨後沉肘提腕把右腳帶
起離地。接著左腳蹬地起跳落地,右腳也隨之落地。同
時,兩手翻腕下採,右手在前左手在後,重心落於左腿,
目視前方。

【要點】

兩腳落地時,左腳先落為重,右腳後落為輕。

【實戰法】

採勁。兩手抓住敵臂,與震腳合力,下採傷敵肩頸。
屬於採挒之勁。

雙震腳技擊法二

21-4-2

21-4-1

21-4-3

點撥提高

●本書中拳架「海底翻花」動作已融入「雙震腳」之中。轉身同時掤提右腳，左拳上挑裏合，右拳折疊回收下壓，這個動作就是「海底翻花」。

做這個動作上下肢體要對拉合住，兩肘外頂，兩拳內捲，動作不能散。兩拳變掌外分，在胸前抱合托起時，十指要有「搓」的味道。

●提腕時把左腳帶跳起來，下採時把全身壓下去，全身是一個整體，只是在此過程中右腳一直為虛，落地震腳左重右輕，並有落地先後之分。

錯誤糾正

●這個動作易犯的錯誤是，只注意了手上動作，導致手上動作與下肢脫節，勁力不貫穿。兩臂上下、兩手合抱不可僅用兩臂的力量。

●兩手上提與起跳須在同一節奏中，兩腳落地不可不分輕重先後。

訓練功課

1. 基本功「手臂折疊」，20次為1組，共做4組。
2. 基本功「肘胯同屈同伸」，左右為1次，20次為1組，共做4組。
3. 「雙震腳」動作訓練20次。
4. 已學式子連起來打4遍。

第二十二式　玉女穿梭

玉女穿梭

「玉女穿梭」是這個章節的最後一式，可分解為3個動作來完成教學。

22-1 （接上式）鬆沉左胯，掤提右腳。同時左手逆纏翻掌，中指點於右肩窩，右手同步逆纏向前方橫掌掤出，目視正前方。

【要點】

左胯下沉與兩手逆纏對拉同步完成，上下對拉之勁與前後對拉之勁瞬間合一，**震肘**發出。

【實戰法】

敵方右拳向我打來，我身體後仰躲避，用左手在敵臂上側接手下按阻擋，同時用右掌擊打敵面部或頸部，或提膝撞擊敵方胸腹部。屬於挒捌之勁。

【關鍵】

左腳逆纏踏實，肘胯同屈同伸。

22-1

【名詞】

震肘：瞬間的肘關節固定，目的是為了產生手臂拮抗力。

22-2 右腿落於身前一步處，同時掤提左腳向前躍出一步，左手隨之向前掤出，右手同步順纏走下弧線置於身後，目視前方。

【要點】

左腳躍出時震腳落地「剎車」，用地面反作用力配合左手震肘掤出。

【實戰法】

連擊技法。若敵方一拳打來，我用左手攔截，右手反擊，若敵方後撤避過，我進步用左掌進行二次打擊。屬於捌勁。

【關鍵】

左腳急剎車。

22-2

玉女穿梭技擊法

22-3 以左腳為軸向右後跳躍180°，同時雙手順纏走下弧線相合於胸前，左手成側掌在右手小臂內側之上；右手指尖向前，手心向上。身體隨動作微左轉，重心偏右，目視左前方。

【要點】

兩腳落地時，雙腳逆纏合住；兩手相合時，肘往下沉、頭往上領。

【實戰法】

敵從後方向我攻擊，我轉身的同時用右手抓住敵方的攻擊手，並用左手打擊敵肘關節，或用左腳蹬踩敵小腿脛骨。屬於捋捌之勁。

22-3-1

22-3-2

點撥提高

●「玉女穿梭」招式本意是在被敵四面圍困中向前突圍，正好與「倒捲肱」相反，「倒捲肱」是三面被圍的撤退招法，所以這一招「玉女穿梭」要體現出一股向前的衝擊力。

●右腳落地與左腳前躍要一氣呵成，左腳落地急停與左手推出要同步並勁力貫穿，180°轉身在空中完成，兩腳同步落地踏實。

錯誤糾正

●右掌前推時，容易犯用轉身的力量去推的錯誤，沒有使用肢體結構的力量，導致腳上「剎不住車」，使動作變形。

●因肢體勁力沒有合住，也容易使空中轉身落地時站立不穩。

訓練功課

1. 基本功「手臂折疊」，20次為1組，共做4組。

2. 基本功「肘胯同屈同伸」，左右為1次，20次為1組，共做4組。

3.「玉女穿梭」招式動作訓練20次。

4. 已學式子連起來打6遍。

【訓練要求】

重點突破「肘胯同屈同伸」，也就是肢體的上下串聯與同步協調，這一目的必須要明確。

訓練問診

1.上身應該是腳下用力拽下去的，而不是坐下去的，可是總感覺骨架支著，上身拽不下去（底盤太高）。是胯沒鬆，還是腳下力量不夠大？

答：這是內在勁力走向的問題，一般有兩種情況：一是兩腳和兩小腿逆纏的合勁不夠；二是力量沒有完全到小腿上去，大腿的肌肉跟小腿一樣緊張，導致髖關節的折疊旋轉受阻。說白了，還是大小腿沒有分家。當胯的轉換輕靈時，當你做到「骨架是車輛，肌肉是乘客」時，勁力就已經入骨，就可以去除「拙力」了。

腳用不上力的原因還是在於「拙力」，解決這個問題就要有意識地放鬆大腿肌肉，讓小腿肌肉保持緊張，加強兩腳的合勁和肘胯同屈同伸的訓練。

2.膝定位是不是只要保證膝蓋不左右晃，膝是可以沿著腳尖方向向前或向後動的嗎？

答：膝關節是固定關節，只能單方嚮往下折疊，不能往上、往左、往右折疊。如果我們在運動中不遵守它的運

動規則，而去左右晃動它，長期下來膝蓋就會受傷。至於能不能向前或向後運動，當然可以。

膝蓋固定的力量是內在的力量，是腳的逆纏勁力拉下去的力量，把固定膝關節稱為「掤膝」，就是這個意思，除了拉下去的力量也要有腳往下插地的意識。

膝關節在運動中，一方面與踝關節產生一種阻力，另一方面與髖關節產生一種阻力，只要有這兩股拮抗力的存在，就做到了掤膝。

3. 「肘胯同屈同伸」是指在時間上的同步，還是肘與胯的屈伸角度相同？

答：在訓練時，肘胯同屈的時間與角度都是一樣的。在使用上，可以時間、意識相同，而不要求角度一樣。其主要目的是訓練軀幹力量與手臂力量合一，再輸送到手上去，也就是節節貫穿的勁力融合湧動訓練。肘胯同步，就是要讓「胯以下到腿、胯以上到肘、肘到手」這三節的力量貫穿在一起。

4. 如何找到腳上纏絲的感覺，有何具體方法？

答：腳上的纏絲其實就是大、小腿在運動中的反向旋轉，如同擰毛巾。大、小腿在運動中要反向旋轉，就必須建立在膝固定的基礎上，兩腳要有插到地下去的意識。膝固定後，大拇趾向內、腳跟向外貼地用勁，帶動腓骨脛骨與胯的轉換成反方向扭動，同時小腿像錐子一樣向地下鑽，落地生根，大腿則隨胯的轉換方向被動旋轉。

不要以為一條腿順纏、一條腿逆纏就是腳上纏絲，腳上纏絲是指同一條腿上的大腿順纏與小腿逆纏。大、小腿的纏絲要點不在大、小腿上，而是在膝關節這個連接點上。腳上纏絲的訓練目的是大小腿分家，達到不論上肢如何變化均可做到力從腳起。

5. 同屈同伸的練習怎樣才能算合格？

答：人體可分為大三節，胯以下、胯到肘、肘到手。同屈同伸的訓練目的，就是要由肘、胯兩個連接點把三節連接起來，最終達到勁力的湧動貫穿。

我不喜歡說兩腳抓地，因為「抓」是往上的意思，使人想到腳心是空的。我不贊成腳心空，而是要與地面合住，腳趾雙逆纏裏合，腳跟的外側既有踏實又有外撐的意思，腳的前後掌有扭合的意識，加上兩髖的內撐就形成了襠勁，也就是下肢的合勁。腳底生根，主要是練一個合勁，意念中把兩腳插進地下去，由腳的合力把膝、髖兩關節拉下來進行折疊。

6. 小腿與膝蓋內撐外包的訓練中，感覺到胯骨有疼痛感，對嗎？

答：腿上的內撐外包，是指從髖關節到腳的一種開中有合、合中有開的內在意識狀態，也是髖、膝、腳三者的「矛盾」反映。如同一條繩子，看著是拉直的，但是不夠緊，在繩子中間搭上一條被子，這根繩子才是真的緊了。所以在練拳過程中，把兩腿看成一根晾衣繩，兩個相鄰關

節對拉拔長，只有緊才能傳力，所以內撐外包是為了更緊。

「胯骨」有疼痛感是正常的，說明你的「髖與盆骨」產生矛盾了，導致兩個髖之間在拉緊，達到了「緊胯」的訓練要求。這種髖關節骨縫中的微疼將會持續半年，凡是訓練中遇到鎖骨、肩關節、肘關節內側、腕關節外側、大腿內側髖關節疼痛，這些都是好事，恭喜你練到點上了，這些疼痛是訓練中的必經過程。

7. 練習拳架時，腳趾抓地，小腿與膝蓋內撐外包時，上半身不靈活了對嗎？

答：從問的內容上看，你在做內撐外包時並沒有「內撐」，而是把兩個髖關節鎖死了。腿上的「內撐」在於撐開兩個髖關節，所謂「褙圓」就是指這個「內撐」，其目的一是為了兩腿的勁力相通，二是為「胯的轉動」提供運動間隙，發揮靈活關節的作用。

為什麼傳統武術那麼重視「胯」，就是因為它是人體勁力的「離合器」。由於初練者大小腿還沒有分家意識，導致髖關節與大腿肌肉僵硬，「離合器」卡住了，上肢也就不靈活了。所以，需要訓練肘胯同屈同伸，以強化上下與左右的折疊與轉動，促使大小腿的分家與「胯」的靈活。

8. 怎樣做才能把基本功融到拳架裏？

答：首先要把每個基本功的訓練目的弄清楚，把基本

功的要求運用到拳架裏，自然就融進去了。基本功是為拳架服務的，在拳架裏暫時做不到的，把它拉出來單獨強化訓練一下。

9.怎樣練活樁？

答：練活樁其實就是把肢體結構、運動力學和拳架要求相結合。在拳架套路中，讓整條腿做到節節分家。動步時腳要輕靈、虛無，定步時要立地生根，要有兩腳往地下插的一種感覺。這兩種腿上的感覺必須要在拳架裏才能得到訓練。

在現實中，有些習練者過分地誇大了站樁在武術中的作用，內功功力、穩固下盤、力從腳起，並不是靠站樁臆想就能得到的，它需要在拳架變化中融入身法的虛實輕重。所以我建議習練者要多從行拳走架中去體會大小腿的分家，從而得到運動中的平衡。

手上的功夫腳上練

利用肢體結構的矛盾，使骨胳之間產生
一種拮抗力（二爭力）和扭力，其目的是實
現肢體結構的最佳剛度和最大關節力矩。

順逆纏

前幾章對「肩、胯、臂、腳」進行了分段式訓練，掌握了拳架的肢體訓練規矩，最後一章的手與腳相合訓練，是為了把前面的四個分段全部融合起來，目的是實現太極拳的「**剛柔之勁**」與複合力。

肢體中的漲力，也就是拮抗力（**二爭力**），是利用肢體結構的矛盾，使骨胳之間產生一種拮抗力和扭力，固定關節是漲力的節點。

其目的是實現肢體結構的最佳剛度和最大關節力矩。在固定關節的定位下，相鄰的骨胳逐個對拉拔長、螺旋，稱之為「分家」；把腿上、胯上、臂上的三對拮抗力合一，稱之為「貫穿」。

這章要講的「手上的功夫腳上練」，目的就是訓練三對拮抗力的「分家」與「貫穿」。

【名詞】

剛柔之勁：太極拳的「剛」是指肢體骨架結構的整體框架剛度，太極拳的「柔」是指肢體骨架結構中各關節折疊、旋轉的活動範圍。

基本功：順逆纏

1. 上肢保持「黃金三角」，脊椎挺直，尾閭微泛，命門內收，含胸拔背，頭往上領。兩手掌在胸前兩側，一隻手心朝裏，一隻手心朝外，手高於肘，目光平視。

2. 兩腳腳趾雙逆纏裏合，帶動兩手順逆纏，兩腳掌用力內扣，兩手掌一順一逆交替旋轉並用力前掤，二意相通。

【要點】

大道至簡，僅兩腳掌、兩手掌用力，從踝關節到腕關節其餘肌肉全部放鬆。達到外在協調、內在均衡，兩手兩腳勁力切換，分家、貫穿於舉手投足間。這就是太極拳中去「拙力」的訓練方式。

【作用】

手腳是我們四肢的末端，也是肢體當中頭部以外皮肉最薄弱的部分，手腳裏面有骨頭、皮肉、筋、血管、神經、淋巴和中醫講的經絡、穴位，是非常精密和複雜的。中醫有一個全息對應的理論，手上和腳上各有六根經脈，人身上的很多病，都可以在手或腳上施法治癒。

血管與神經不健康的人，他們的手掌往往呈現異樣的紅。脾胃消化功能不好的人，或肝膽不好的人，手掌往往呈現異樣的黃。一旦我們把手上的末梢神經和血管練開練通，回血的經脈系統練好了，手上的顏色就會恢復正常，觸感也更靈敏，同時也使我們的內臟更加健康。

【關鍵】

體會骨架傳力，真正做到「骨架是車輛，肌肉是乘客」。

招式訓練

初收

第二十三式 初 收

「手上的功夫腳上練」是對前面幾章訓練的總成，是全身的貫穿訓練。第二十三式「初收」可分解為3個動作來完成教學。

23-1 （接上式）鬆沉右髖，盆骨左轉掤左膝，身體隨之右轉。同時，兩手雙逆纏沉肘翻掌，外分變雙順纏，走下弧線外包裹合於右腹前方。左手在前，右手在後，重心偏左，目視前方。

【要點】

兩手順逆纏要與十腳趾逆纏內扣的勁力呼應，兩手的相合要與兩腿的內撐外包相呼應。

【實戰法】

沉肘翻掌是一個技法。兩手順纏抱合是一個擒拿斷臂手法。屬於掤捋擠捌之勁。

【關鍵】

手與腳的勁力相通相合，意在手與腳上的拮抗力。從

23-1

初收技擊法一

膝關節到腕關節，除兩小腿肌肉因腳趾逆纏而被動緊張外，其餘肌肉全部放鬆，但必須保持全身骨架結構的掤抗力。做到這一步有難度，必須建立在前面的訓練內容熟練且不走形的基礎上。

23-2 　鬆沉左髖，盆骨右轉掤右膝，身體隨之左轉。同時，兩手逆纏翻掌在左腹前方按出。左手在前，右手在後，重心六成在右，目視前方。

【要點】

保持「黃金三角」，兩手逆纏帶動尺骨橈骨轉動。

【實戰法】

下採法，應用很多。屬於掤捋採挒之勁。

23-2

【關鍵】

手與腳的勁力相通相合，意在手與腳上的拮抗力。

23-3　左手順纏右手逆纏，向左走個小圈後，沉肘提腕收至左腹前。同時把左腳帶回，點於右腳旁。隨之掤提左腳，兩手同步向左膝前下插，目視左前方。

【要點】

沉肘提腕要有肘與指尖相合的意思；左腳收回要有被右腳逆纏拉回的意識；提膝下插，兩手指尖有捲的意識。

【實戰法】

敵右拳擊來，我兩手從敵內側接手弧線下捋，同時提膝撞擊敵右肋。若敵抱住我腰或二人扭在一起，我兩手由外向內下採，同時提膝撞擊，下

初收技擊法二

23-3-1

23-3-2

採的目的是將敵方拉近「對撞」。屬採捋上下合勁。

點撥提高

●在練拳的時候一定要記住，手與肘這兩個部位是互動的，手進來一定要肘出去，不然就只是一個單向的力量了。

●「初收」這個動作，可以作為練漲力的基本功。訓練中左右的輕重轉換要明顯，手要有往外膨脹的一種勁，而不是屏住肌肉的僵勁。練習時把自己想像成一個充足氣的橡皮人，太極拳練的就是一個漲力，哪怕只是膨脹了1公分，它是至剛的基礎。就像冬天的自來水管，冰與水的體積只差一點，水管就能爆裂了。所以我們這小小的一點漲力，打在人體上是非常厲害的。

另外，漲力還能提高抗擊打能力，如果你長期在球體感的狀態中訓練，內臟在擴張中得到了鍛鍊，外面的筋骨皮也在膨脹。即便遇到敵方打過來，只要瞬間一膨脹，就有可能直接把人彈出去，抗擊打能力就大大增加了。

錯誤糾正

●練習中不要屏住肌肉，也不要丟了骨架結構，看上去像癟了氣的球。要在對拉拔長中折疊運轉。

訓練功課

1.基本功「肘胯同屈同伸」，左右為1次，20次為1組，共做4組。

2. 基本功「順逆纏」，20次為1組，共做4組。

3.「初收」動作訓練20次。

4. 已學式子連起來打4遍。

第二十四式　前蹚拗步

前蹚拗步

第二十四式「前蹚拗步」，可分解為3個動作來完成教學。

24-1　（接上式）左腳落於右腳旁，右腳鬆胯下沉，左手逆纏右手順纏，走弧線經過腹前，變左手順纏右手逆纏，走上弧線交叉相合於胸前，右手在上，左手在

24-1-1

24-1-2

下。兩手走上弧線的同時，左腳腳尖向右走一個小圈，腳尖外擺135°向左側跨出一步，腳跟著地，膝與腳尖相合，重心落於右腿，目視前方。

【要點】

右腳趾逆纏內扣踏實，要有插地的意識。兩手走上弧線時要鎖肩沉肘走小臂。

【實戰法】

可用作擒拿、摔法。用於擒拿，敵方右拳向我打來，我用左手在敵手臂內側接手順纏，同時右手在敵臂外側逆纏挫擊敵方肘關節；用於摔法，若敵方右拳打來或抓我前胸，我用左手在敵臂內側抓住敵手腕順逆外擰，同時右手在敵大臂上方順纏外壓，摔敵於地。屬於捋捌之勁。

24-2 鬆沉右髖，盆骨前移於左腳，落地踏實。兩

24-2-1

24-2-2

手在胸前外掤，左手食指指向自己鼻子。掤提右腳向右前方45°鏟出一步，腳跟落地，目視前方。

【要點】

左腳落地兩手前掤時，要有由後向前擠壓的意識。掤提右腳要有左腳拉起的意識。

【實戰法】

敵方一拳向我打來，我用兩手在敵臂下方交叉接手並順勢抓住下挒，同時右腳踩蹬敵方膝蓋。屬於掤挒之勁。

【關鍵】

手與腳的勁力相通相合，意在手與腳上的拮抗力。

24-3　鬆沉左髖，盆骨右轉掤右膝，身體隨之左轉。同時，右腳逆纏內扣裏合踏實，左手逆纏右手順

前蹬拗步技擊法

24-3 正　　　　　　24-3 側

纏。隨之，兩掌走外弧線向左右外開挪出，目視右前方。

【要點】

兩腳踏實、兩手外分時，要有相斥相吸之意。

【實戰法】

敵方一拳打來，我兩手交叉接手順勢一搓，左手抓住敵方手腕左捋，同時右肘與敵胸部「對撞」，再用右掌切擊敵頸動脈。屬於捋捌肘靠之勁。

點撥提高

●在初收的定勢狀態基礎上，手為主動，小臂為被動，沉右胯走上弧線兩手相交於胸前，走上弧線的時候注意千萬不要把大臂也提起來。

錯誤糾正

●兩手走上弧時，肩膀不要架起來，重心轉換別忘了鬆沉髖關節，手上順逆纏別忘了漲力與手肘互動。

訓練功課

1. 基本功「肘胯同屈同伸」，左右為1次，20次為1組，共做4組。

2. 基本功「順逆纏」，20次為1組，共做4組。

3. 「前蹚拗步」動作訓練20次。

4. 已學式子連起來打4遍。

第二十五式　十字擺蓮

十字擺蓮

第二十五式「十字擺蓮」，可分解為4個動作來完成教學。

25-1　（接上式）鬆沉右胯，同時左手逆纏右手順纏向右走一個小圈。接著，盆骨左轉掤左膝，帶動身體右轉，同時變左手順纏右手逆纏走弧線至胸前。右腳以跟為軸腳尖外擺135°，右膝前掤與腳尖相合，目視左前方。

【要點】

用兩腳逆纏帶動盆骨運轉和重心轉換。

25-1

【實戰法】

上挑捋法。若敵方一拳向我打來，我用右手從敵臂外側接手，逆纏翻掌抓住敵方手腕，左手放於敵肘部弧線上挑，兩手一個合力擒拿或折傷敵肘關節。屬於掤捋之勁。

【關鍵】

手與腳的勁力相通相合，意在手與腳上的拮抗力。

25-2 鬆沉左髖，右腳落地踏實，重心移於右腳，掤提左腳向左側鏟出一步，腳跟落地腳尖上翹。同時，左手順纏右手逆纏配合步法，虛領頂勁，目視左前方。

【要點】

移重心和掤提左腳，要有一種被右腳勁力拉過去的意識。

25-2

【實戰法】

敵方一拳打來，我兩手抓住他的手臂下捋，用左腳蹬踩敵方膝蓋以下部位。屬於掤捋之勁。

【關鍵】

手與腳的勁力相通相合，意在手與腳上的拮抗力。

25-3 鬆沉右髖，盆骨左轉，左腳內扣裹合踏實，膝蓋前掤，右腳大趾著地走後弧線點於左腳旁。同時，右手順纏左手逆纏，兩手相交抱於胸前，右手在抱合時逆纏翻掌，置於左大臂下方，掌心向外。身體繼續下沉，呈半蹲狀，目視右前方。

【要點】

右腳大趾著地走後弧線，要有一種被左腳逆纏裹合的

25-3

勁力拉過來的意識。兩手相抱要沉肘前挪。

【實戰法】

敵雙掌向我胸部推來，我兩手相交由上往下攔截，迅速變右拳擊打敵肋部或用雙掌合擊敵左右雙耳。屬於将捌之勁。

25-4　右手在左肘下順纏走一個小圈，隨之右腳由下向上弧線外擺，左手掌拍擊右腳背，目視前方。

【要點】

左手掌拍擊右腳背時要有手腳「對撞」的意識，感受支撐腳的內在拮抗力。

【實戰法】

擺蓮腳在武術中，一般是為了訓練上下肢的左右扭

25-4

十字擺蓮技擊法

力，常見於別腿摔。若敵方一拳打來，我用右手從外側接手抓住下捋，同時右腳放到敵方腳後，左手在敵方胸部或頸部與腳一個合力，把敵方摔倒在地。屬於捋捌擠按左右之勁。

【關鍵】

手與腳的勁力相通相合，意在手與腳上的拮抗力。

點撥提高

●兩手相合於胸前向外掤時，注意是右手放在左手的大臂下，左手放在右手的大臂上。右手在左大臂下走一個小圈，然後右腳由下至上弧線外擺，腳背與左手相合於空中。

錯誤糾正

●動作一招一式，不能含糊不清，一帶而過，動小臂就是動小臂，要清清楚楚。注意兩手要有漲力，四肢勁力要通。

訓練功課

1. 基本功「肘胯同屈同伸」，左右為1次，20次為1組，共做4組。

2. 基本功「順逆纏」，20次為1組，共做4組。

3.「十字擺蓮」動作訓練20次。

4. 已學式子連起來打4遍。

第二十六式 當頭炮

當頭炮

第二十六式「當頭炮」，可分解為2個動作來完成教學。

26-1 （接上式）右腳震腳落地，隨之掤提左腳橫跨一步。同時，兩掌變拳經右後走上弧線，向左前方折腕掤出，目視左前方。

【要點】

左腳掤提時，要有一種被右腳腳趾抓提起來的意識。兩拳向前掤出時，要有**頂肘內捲**的意識。

26-1-1

26-1-2

【實戰法】

敵方一拳向我打來，我用右手從外側接手右捋，同時提左膝撞擊敵方大腿或肝部。隨之，雙拳用捌勁打擊敵面部。屬於捋捌之勁。

【名詞】

頂肘內捲：鎖肩頂肘的狀態下，拳走逆纏內捲使肘與肩、肘與拳產生拮抗力，迫使腕部關節和小臂肌肉拉伸中旋轉的一個動作。

26-2 鬆沉右胯的同時，兩拳走下弧線經腹前，變上弧線向左前方掤出。左手橫拳右手直拳，右手拳面與左手拳心相對，重心六成在右，目視左前方。

26-2

當頭炮技擊法

【要點】

左髖右胯配合兩拳弧線運轉。

【實戰法】

這是一個快打技法。敵方一拳打來，我左手格擋，同時右手擊打敵方胸部。也可以用作靠法，敵方一拳打來，我右手抓住敵方手腕，用肩靠。屬於捋捌採靠之勁。

【關鍵】

手與腳的勁力相通相合，意在手與腳上的拮抗力。

訓練功課

　1. 基本功「肘胯同屈同伸」，左右為1次，20次為1組，共做4組。

　2. 基本功「順逆纏」，20次為1組，共做4組。

　3.「當頭炮」動作訓練20次。

　4. 已學式子連起來打4遍。

第二十七式　金剛搗碓

金剛搗碓

　第二十七式「金剛搗碓」，可分解為2個動作來完成教學。

27-1　（接上式）鬆沉右胯掤右膝，隨之左腳尖外擺90°落地踏實，同時帶動左拳外分變掌逆纏，走後弧線

27-1-1

27-1-2

經左耳下找右臂相合；右拳逆纏後變掌順纏，走下弧線在胸前掤起，右腳隨右手前掤向前點出成虛步，大趾合地。左手合於右小臂上，右手置於右膝前上方，手心向上，目視前方。

【要點】

兩手走弧線要鎖肩頂肘，右腳上步要有一種被右手帶起來的意識，右腳趾與左腳有相合之意。

【實戰法】

這個動作有幾個技擊用途。若敵方一拳打來，我用左手下格，右拳擊打敵方胸腹。右手走下弧線前捋是一個擒拿技法，我左手抓住敵方手臂，右手從敵方手臂內側接手，往外一個纏繞裏合，使敵方肘關節受傷。屬於掤捋採挒之勁。

27-2 鬆沉左胯挪左膝，挪提右腳，同時右手沉肘捲指成拳上提，左手順纏帶動尺骨橈骨落至腹前。隨之，右拳順纏帶動尺骨橈骨弧線下落，找左手心相合，右腳同步落地踏實，目視前方。

【要點】

在手合、腳踏的同時，下肢下沉上肢上拔，形成上下對拉，一氣呵成，勁力含而不丟。

【實戰法】

敵方一拳打來，我用左手由上往下攔截，同時用右拳擊打敵方下頜；若被敵方躲過，我右拳順勢向前連擊。另外，提膝是為了保護自己，千萬不要認為提膝總是撞人的。屬挪捋擠捌之勁。

27-2-1

27-2-2

點撥提高

●傳統金剛搗碓都採用震腳動作，本書中要求兩腳兩手上下對拔，勁力含而不丟，使拳架充滿球體感，所以無震腳動作。兩種方式習練者可自行選擇。

●關注球體感與兩手兩腳的拮抗力，手上、腳上有了拮抗力才構成手弓與腿弓，兩者相加與虛領頂勁就是身弓。

訓練功課

1. 基本功「肘胯同屈同伸」，左右為1次，20次為1組，共做4組。

2. 基本功「順逆纏」，20次為1組，共做4組。

3.「金剛搗碓」動作訓練20次。

4. 已學式子連起來打4遍。

第二十八式　收　勢

收勢

「收勢」是本書中訓練載體28式拳架的最後一式。本拳架只是講述了太極拳的一種規範訓練方式，拳中的內在勁力與體悟僅點到為止，因為明理下的規範訓練才是進階的基礎。

28-1 （接上式）兩手外分，指尖相對，逆纏走上弧線經胸前下按，至小腹後分貼於兩大腿外側。同時，收左腳併步於右腳。閉目1分鐘然後嚥下唾液，睜開眼睛，收功。

【要點】

上身挺直，虛領頂勁，全身放鬆收功。

28-1

訓練問診

1. 手與腳怎樣配合？

答：我一直強調，練拳時兩腳與兩手要相互呼應，勁力必須貫穿。腳底、腳趾雖然只是意識上的微動，但它指揮著手的一招一式。兩手兩腳是同步的，但必須勁從腳起。

神氣、神意與內在力量的同步均衡是高度的協調與貫穿。練拳走架時，全身貫穿的掤抗力（爭力）自始至終保持10公斤，不要一忽兒10公斤一忽兒9公斤，其目的就是訓練內在的勁力均衡。

我把「手上的功夫腳上練」放在最後一章，就是為了在外形規範的基礎上訓練內在的均衡，而均衡的要點就在兩手兩腳上。在肢體的訓練規矩還未養成時，只要求在拳架訓練中手與腳有個呼應，不要把腳丟了，培養手腳互動意識就可以了，等肢體訓練規矩養成後，上面所言自然明瞭。

2. 勁意先於手，才能保持掤勁不丟嗎？

答：不對。理論上所有的勁力都是腳上發出來的，透過骨架的傳遞到胯的分配，再到肘、到手。現實中勁力的傳遞是瞬間的，可以說是同步的，勁力貫穿到全身其實只

需要一個意念。但有一點可以肯定，腳上的勁力是不能丟的。

「掤」的重點是肢體結構框架，是武力的基礎，太極拳被稱為「掤」拳，也因為它是以肢體運動結構為要的拳法，只有嚴格按肢體的運動規矩訓練，才能去其「拙力」，得其筋骨之勁。所以意不是先於手，而是先於腳與肘。因為從腳底到肘是「武」的範疇，而肘到手是「術」的範疇，「術」需要「武」作基礎。

手上勁力一定是從肘傳遞來的，如果丟了肘勁而僅僅用手上的力，一遇到大力的對手就會立馬變形「起肩」而處於下風。「梢節領勁」的前提是勁達肘部，如果肘上沒勁，手就什麼都不是。至於如何在練拳時保持掤勁不丟，記住一句話：勁力在均衡中「含而不發」。

3. 什麼叫「動哪兒就動哪兒」？

答：「動哪兒就動哪兒」是為了培養學員的內在勁力而埋下的伏筆。

我們的本能行為習慣是遇到大力的對手，就馬上產生對抗而扭在一起。「動哪兒就動哪兒」訓練的是在對抗中局部斷開的技能，也就是說用一部分力量阻擊，另一部分力量去包抄，兩股力量合一以完成克敵目的。這是太極拳的高層面技術，傳說中的「一羽不能加」也是這個道理。

「動哪兒就動哪兒」所培養的是意識技術，要求掌握內在勁力在貫穿中斷開的技能。

比如腳上發出的力量，透過「胯」分配後貫穿到肘，

再傳到手指，在這個過程中，膝蓋以下和膝到肘關節這兩節勁力不能丟，要一直貫穿，這兩節是「武」的組成部分；而肘關節到手指是「術」的主要施展區域，這一節在施展技術時須在貫穿中斷開，在「武」不丟的狀態下斷開，這叫「動哪兒就動哪兒」，目的是儘量使支點前移，縮短力臂，以增強勁力的發揮。

4. 如何儘快找到讓周身像充滿氣的皮球的感覺？

答：太極拳被稱為內家拳，必定有它的拳法特性存在。前人講過，太極拳如同一個「炸藥桶」，王宗岳在拳論中形容太極拳「身如車輪」，由此可見練太極拳要勁達四肢。

那麼，如何做到勁達四肢呢？比如一個皮球，長期氣不足就容易老化，使用壽命也不會很長，經常充氣放氣才會增強韌性。人體的肌肉、血管、臟腑也一樣，需要脹脹鬆鬆的訓練才會更具生命力。

練太極拳時，從手指到腳趾的小關節都是拉開的，拉開就有了膨脹，氣血也就通了，血管持久保持彈性，不會變細硬化，這就是對身體最好的鍛鍊。如果你沒有像充滿氣的皮球那樣去練太極拳，盲目追求自然、放鬆，恐怕你練了一輩子仍是一場空。

具體來說是什麼感覺呢？就是一種拮抗力（二爭力），你練拳時要感覺整個人的所有的關節都沒有空隙，肩、肘、膝等固定關節鎖緊，其餘關節拉伸、膨脹、旋轉都沒有縫隙，做到關節之間充滿矛盾，也就掤拉到位了。

如何儘快找到這種感覺？那就是肘定位，膝定位，身往上拔，腳上立地生根，上肢鎖肩頂肘。當然，這只是鍛鍊的過程，等練熟了用於技擊時，在放鬆狀態下只需一個意念漲勁就出來了。

如果你長期在這樣充滿漲力的狀態下訓練，不僅身心得到健康，太極拳的剛柔勁力也會得到昇華。

5. 在身體快速旋轉或發勁時，腳跟可以蹬地嗎？

答：身體快速旋轉，當然需要蹬地。但在打擊發勁時，蹬地只是一種發力模式。蹬的目的是產生地面反作用力，蹬腳扭胯發力，無論是傳統武術習練者，還是現代拳擊、散打格鬥習練者，都使用這種發力模式。

但是，蹬地扭胯發力有一些缺點。一是這種打擊並不銳利，二是它把全身力量都發出去了，三是它破壞了內在骨架的多處拮抗力。

形意拳前輩尚雲祥曾說過，現代人不會發力，一拳下去，把所有力量都發出去，應該是含著一部分力不發。所以練拳時要含而不發，就是漲力不丟，有了漲力肢體結構就不被破壞。內家外家的區別就在這兒，外家多是肌肉力，內家多是筋骨力。不要以為筋骨力衝量小，打在人體上足夠了。所以蹬地發力，並不是高級發力，也不應該是太極拳習練者追求的最終發力模式。

6. 什麼是斷勁，與肘胯折疊角度有無關係？

答：斷勁與肘胯折疊角度當然有關係。斷勁是一種內

在的狀態，內在的勁力是由腳底發起的。經過兩腳的逆纏，腳底發出的力必須是一種合力。但是通常情況下，人的本能總是直接用手或者用肘發力，並沒有與腳發出的勁力互動，或者小臂與大臂、大腿與小腿的夾角小於90°，都會產生斷勁。

說白了，丟了手弓、腿弓，並沒有與腳發出的勁力互動，身弓就是斷勁的狀況。它的缺陷是不能單手連擊，即使連擊第二次的打擊力也很小。

肘胯同伸同屈就是為了不斷勁，把人體三節連接起來，產生多點多方向的勁力。

7. 練拳意識是放在手上還是放在肘上？

答：練拳意識是隨訓練階段而改變的，最後的意識是放在手上和腳上。

前期的訓練過程中，意識最好放在肘上和膝上，先強化肘膝兩個固定關節的意識，為骨架拮抗力打基礎。意識放在肘上，可能會有僵硬之感，原因是沒有按「骨緊肉鬆」的要求來練，「骨架是車輛，肌肉是乘客」，撐開骨架忘了肌肉就會不僵了。練拳意識是一步步逐漸突破的訓練思維，對武術訓練的進階非常重要。

8. 練拳時速度快慢有無關係？

答：當然有關係。太極拳行拳走架的速度快慢不是取決於動作，而是由腳底發出的內在勁力的貫穿和變化來決定的。所以太極拳要求慢練，體會每個關節的靈活與固

定，從腳上發出的力量上傳到膝，要想到膝關節是固定關節，不能亂晃，腿上的纏絲與拮抗力要出來；傳到肩關節，要想到肩關節是「黃金三角」的連接點，不能斷開，虛領頂勁，手臂上的拮抗力要出來。所以，練拳的快慢取決於勁力怎樣貫穿，如何使勁力均衡，當把這些都練到位，自然是越快越好。

太極拳並不是越慢越好，所有的拳法都是越快越好，只是如果你掌握不了內在的勁力，快了就難以節節貫穿。所以要樹立一個意識，慢是有內容的慢。所以我說太極拳是最高境界的健身術和格鬥術，因為每個關節都能練到，這就叫一動無有不動。

9. 在練習拳架時，手和腳是一直在順纏與逆纏嗎？

答：是的。腳與手隨著拳式的運行與變化，一直以順逆纏相配合。順逆纏是為了節節分家，如果手上沒有順逆纏，那麼小臂到手就不可能分家，也很容易帶動大臂一起晃，手腕的靈活性和尺骨橈骨的轉動，就得不到實質性的訓練，力量只能散布在小臂和手掌，達不到指尖。所以「節節分家」是為「節節貫穿」服務的，而順逆纏是為「節節分家」服務的。

腳上也是同樣的道理，順逆纏的最終目的，就是要把一招一式的勁力貫穿到手上腳上去。

10. 所有的基本功每天都必須要練嗎？還是階段性側重某一項？

答：基本功是為拳架服務的。我認為隨著拳架的練習進度，階段性側重某一項基本功比較合理。至於你想讓某項基本功成為特長與優勢，還是因人而異。對手上基本功感興趣的，就多練順逆纏、手臂折疊，並把它融入拳架中去；對整體協調感興趣的，可以把肘胯同屈同伸作為重點練習；有些人喜歡腳上功夫，那就重點練立地生根。當然，基本功練到深層也是一通百通的。

11. 太極拳在格鬥中如何應用？

答：練與用是分不開的，只有練用結合才能更快地提高技術戰術。無懼地迎上、尋找或製造不合拍的節奏、連續地化解、攻擊轉換，這些都是太極拳的技戰術特色。

要以平時練就的逆向思維指導下的技術動作迷惑對手，身法、折疊、左右、上下；要變速，應戰之時突然加速，使對手未能及時反應而露出空隙；當對手力加於我身時，或引進或反彈，同時發勁與敵薄弱處「對撞」，可一招制敵。

太極拳在戰術上是「騙術」，是「四兩撥千斤」與「千斤打四兩」互換的搏擊方式。

12. 太極拳作為一種獨特的拳種有哪些特色？

答：太極拳的肢體運行軌跡是弧形的，其勁力是具有六個方向的「複合力」，前後、左右、上下，即球體的

圓。有的動作軌跡雖然也是圓弧，但只有四個方向，這樣的力不能構成「複合力」。一對方向的力，比如前後、左右、上下，這樣的力產生的勁叫直勁，威脅不大，嚴格地講它不屬太極拳的勁別範疇。

四個方向的力能夠形成弧線運動，但對方的大腦可以做出判斷，肢體的本能反應可以跟上你，隨上你，威脅也不是很大。只有六個方向的圓弧運動，即立體的圓才能使對方對你的運動方向無從判斷，這是太極拳有別於其他拳種的精妙之處。

所以練習太極拳一定要注意，每個動作、每個轉換都必須有六個方向的力，否則在實戰中就不管用。太極拳是跌打摔拿綜合的格鬥術，它看起來很軟弱，但搏擊起來很強大；它看起來不進攻，其實處處在進攻，而且是很科學、省力的進攻。太極拳打擊時距離打擊對象極短，只不過肘胯兩關節那麼一沉而已。

後　記

　　寫這本書的時候，一招一式的動作如何寫、以什麼切入點來寫，我考慮了很久。很多人在習練太極拳的時候，是以手上的動作去帶動身體運動，這種訓練其實是人的本能行為習慣，導致上肢和下肢不匹配，這個不匹配既有動作上的，也有內在勁力上的。正因為這樣的一種練拳方式，導致習練者把「胯」丟了。

　　我每每碰到太極同道，談論最多的也是「胯」如何練這個問題。如果對「胯」沒有正確的瞭解和訓練，不僅在武術上是一種缺陷，還會使身體的關節，尤其是腰椎與膝蓋產生傷痛，這就違背了鍛鍊的初心。

　　「胯」是上肢與下肢連接的地方，要達到上下肢體協調與運動規範，必須有一個連接點，這個連接點就是「胯」的運轉。「胯」的連接使上下肢體力量整合，再加上肩臂合一，整個肢體的上下左右就全都連起來。

　　所以要說這本書的重中之重，就是希望習練者能夠明白什麼叫「胯」和如何訓練「胯」，以及如何用合理的肢體訓練規矩來鍛鍊。

　　在古代，傳統武術是殺人技，是老祖宗用鮮血與生命凝聚而成的。隨著社會的進步，武術的搏殺功能日漸式微，演變成一種包含「仁、義、禮、智、信」精神的傳統

文化。傳統武術在傳承過程中，歷來有一條很嚴厲的規矩叫「不持藝妄為，不恃強凌弱」；而現代格鬥的核心就是把對方打倒、打敗。雖然都是武文化，但在價值觀認知層面上是完全不一樣的。

譬如說，在現代格鬥的競技擂臺上，打敗或者打倒對手是勝者的榮耀，而在傳統武術中，如果你一次次地與人打鬥，不論勝敗都會為人所不齒，被說成是武德敗壞。一個是開放式的，一個是壓制式的，這就是傳統武術與現代格鬥習練者理念上的區別。

說到搏擊，就離不開速度、力度和硬度。我們都知道，關節韌性和關節力矩決定了速度，如何訓練關節，老祖宗早就為我們留下了「節節分家、節節貫穿」的訓練要訣；決定力度的是運動結構，按照肢體的訓練規矩得到的力度並不是單一的，而是一種複合的力量，可以大大增加擊打力和抗擊打力；至於硬度，骨架局部硬度可以在節節分家、局部貫穿的狀態下拍擊外物來提升，但是物質都有抗壓極限，如果你能達到擊打在石塊或木頭上手不腫痛，我覺得擊打硬度已經足夠了。

速度、力度、硬度，在傳統武術中有特殊的訓練方式，與現代格鬥是兩套不同的模式，在訓練思維上也是兩種模式。太極拳格鬥訓練的第一要素不是主動攻擊，而是如何保持自己的肢體結構平衡，不被對手衝垮。

太極格鬥的第一要素是「尋找或製造一個不合拍的節奏」，它建立在精通防守的基礎上。訓練防守需要肢體的規範，也就是肢體框架結構的形成。只有正確地理解肢體

運動結構，才是你永恒的功力，正如《拳論》所曰：「察四兩撥千斤之句，顯非力勝；觀耄耋能禦眾之形，快何能為。」

當然，武術是一個修煉的過程，既要煉出「煞氣」，又要引導自身滅去「煞氣」，從而達到對立統一的境界。經過長期的「外煉內修、助長消滅」的磨煉，筋骨、內心及思維均得到與眾不同的昇華，從而使習練者達到陰陽平衡而健身強智之目的。

太極如禪，修者無數，達者寥寥。

謹以此書獻給熱愛太極拳的人們。

休閒保健叢書

歡迎至本公司購買書籍

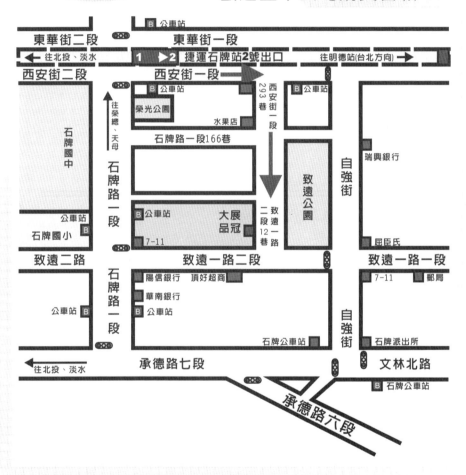

建議路線
1. 搭乘捷運‧公車
　　淡水線石牌站下車，由石牌捷運站２號出口出站(出站後靠右邊)，沿著捷運高架往台北方向走(往明德站方向)，其街名為西安街，約走100公尺(勿超過紅綠燈)，由西安街一段293巷進來(巷口有一公車站牌，站名為自強街口)，本公司位於致遠公園對面。搭公車者請於石牌站(石牌派出所)下車，走進自強街，遇致遠路口左轉，右手邊第一條巷子即為本社位置。

2. 自行開車或騎車
　　由承德路接石牌路，看到陽信銀行右轉，此條即為致遠一路二段，在遇到自強街(紅綠燈)前的巷子(致遠公園)左轉，即可看到本公司招牌。

國家圖書館出版品預行編目資料

功夫架　太極拳實用訓練／朱利堯　著　　　——初版
——臺北市，大展出版社有限公司，2021〔民110.04〕
面；21公分 ——（武學釋典；51）
ISBN 978－986－346－326－9（平裝）

1.太極拳
528.972　　　　　　　　　　　　　　　　110001646

功夫架 太極拳實用訓練

著　　者／朱利堯

責任編輯／苑博洋

發 行 人／蔡森明

出 版 者／大展出版社有限公司

社　　址／台北市北投區（石牌）致遠一路2段12巷1號

電　　話／（02）28236031・28236033・28233123

傳　　眞／（02）28272069

郵政劃撥／01669551

網　　址／www.dah-jaan.com.tw

E - mail ／ service@dah-jaan.com.tw

登 記 證／局版臺業字第2171號

承 印 者／傳興印刷有限公司

裝　　訂／佳昇興業有限公司

排 版 者／弘益電腦排版有限公司

授 權 者／北京科學技術出版社

初版1刷／2021年（民110）4月

定　價／330元

大展好書　好書大展
品嘗好書　冠群可期

大展好書　好書大展
品嘗好書　冠群可期